武學世家的兒女 一漩能量

21+當代太極 潘靖太極螺旋13式

【目錄】

自序：幫這個世代的人們 找回自己的身體 —— 5

推薦序

通過螺旋的方式 武動他的太極 —— 姚任祥 —— 8

將身體的柔軟旋轉與宇宙的運行聯繫在一起 —— 吳俊輝 —— 11

動則不衰 樂則長壽 —— 黃虹霞 —— 14

太極拳兩三事 —— 陳國儀 —— 16

和自己在一起，你今天「漩能量」了嗎？ —— 張卉君 —— 18

柔如輕風拂葉，剛則如草書勁筆 —— 謝富紀子 —— 21

I

1 那些年⋯我慢出生、我慢成長 —— 24

2 那些年⋯我基因中的武術因子 —— 32

3 那些年⋯五百，讓我絲絲牽掛 —— 42

4 那些年⋯北投老宅的奇幻冒險 —— 50

5 那些年⋯以武會友，以武敬神 —— 64

世紀太極新體驗

以輕鬆的招式　喚醒沉睡的身心

整個如漩渦般旋轉起來

將能量傳到末梢

幫這世代的人們　找回自己的身體

練太極之後，我開始鑽研其中的各種流徙和意涵，只要看到太極相關的訊息，眼球效應就把我吸引過去。

我曾經在上海世界博覽會的展場裡看到一個巨大的黑、白、紅旋轉圖案，中心是黑白兩色的「陰陽魚」。起初我以爲是向主辦單位致敬而陳設的圖形，一旁的兩位旅客正交談著，顯然也抱持和我同樣的想法。突然，有一位外國人用普通話回說，這是他們烏克蘭一個古文明——「特里波耶文明」所使用的圖騰。

此後，著手搜尋資料，竟然在全世界的古文明裡發現各種太極圖，如非洲西南部的安哥拉，其空軍軍徽就有太極圖。西元二八六年到四八〇年期間的西羅馬帝國步兵軍服及盾牌上都刻有太極圖。墨西哥東南方向的宏都拉斯，科潘瑪雅遺址裡的瑪雅文字中也有太極圖形。一九九三年一月，墨西哥國立自治大學舉辦傳統醫學講座邀請函上就印了一個標準的太極圖。

這才發覺世界各地都有太極的圖像或類似太極圖，卻只有我們能夠完整接到其中的能量，從符號轉成圖像再轉成文字，有了陰陽的思想、有了《易經》、有了《黃帝內經》、有了《黃帝陰符經》、有了道家的思想，有了以太極爲名的拳、太極導引……好似螺旋的能量生生不息、無處不在。

既然我們的文化擁有如此的獨特性，我們就當喚醒太極這個廣邈深遠神祕卻可親的能量。當然太極的博大精深，絕不是我一介草民能夠說清楚講明白，本書就以我個人的故事來說我的太極。

自幼習武，雖然喜歡讀書，但不太求甚解。酷愛運動，不分項目。因爲口拙，反應奇弱，別人說的話，我好久才有回應，所以曾被懷疑智商是否低下？或被人誤認爲是聾啞人士。

與外界的溝通障礙，常讓我很沒自信，幸好運動讓我的肢體被解放開來。博覽並親身學習嘗試各類西方運動，無論是球類、體操、游泳等全面開展。但賞味期限通常二到三年就換一種，唯有武術不曾間斷，南拳、北腿、刀、槍、劍、戟、斧、鉞、鈎、叉等，在其中找到自信，好似我生來就是練武的人。也逐漸從父親斷斷續續的敍述，明白家族先祖有武學傳統，甚至有像黃飛鴻那樣的武學老師。

在家族的DNA召喚下，學遍十八般武學之後，我在太極拳上更發現一片旖旎風光，從此蹈入，知曉其中的精妙與諸家絕學。太極拳概分爲：陳式太極拳、楊式太極拳、吳式太極拳、武式太極拳、孫式太極拳等家。我逐一習得各式太極，領悟出來各家差別在於風格。二十六歲遇到熊衛老師的「太極導引」，簡直是打開我的新視窗。太極導引迴異於傳統套路的形式在先，多的是在原地反覆迴旋練習，奇妙的是竟然能清楚找到身體流淌的路徑，我簡直像武俠小說寫的

「打通任督二脈」般通了。

西方運動強調的是人體解剖學思維，包括：肌力、耐力、爆發力、協調、平衡。而東方武術套路走的是手眼身法步，精神氣力功；道家的「內丹」，則是以人身爲鼎爐，修練「精、氣、神」，認爲人身就是一個小天地，講求天地人合的思想。無論中學或是西學，我都兼顧運用；經由多年的修練，身體由內而外就是一個螺旋，我領悟歸納成「太極螺旋十三式」，人人都可以做得到輕鬆自如的螺旋。

太極導引宛如我的人身與人生導引，借拳法去找太極，藉由導引去找太極。自幼無法充分口說表達的自己，因而從各家老師與書冊裡，領悟了如何條理分明地言傳口說；令我作爲一個武學世家的兒女，在行走江湖的跑課授課時，可以讓學習者不必太費勁，就能夠對自己的身體有了方向與出口。

一路走來，得蒙眾多貴人襄助，我從一個年輕的小毛頭太極老師，於知天命之年，綜合多年教學經驗，讓忙碌於現代生活形態的人們，能漩開緊繃的身體，以大地爲依托，以脊椎爲中柱，身體若螺旋，使得能量自內導出外，再由外導入內。

如果問說潘靖的太極是何物，就是漩的能量，身體能量若水流盤旋。武學世家的DNA讓我決定以「漩能量——潘靖太極螺旋十三式」爲這個世代的人們找回自己的身體。

通過螺旋的方式 武動他的太極

姚任祥 作家

分享與共同學習，一直是我與幾位好姊妹經常聚會的原因。去年，我參加了一個課程，下課時，我注意到一位與眾不同的知性女生，他總是禮貌地站在教室門口。穿著一件深色的T恤，脖子上圍著同色的圍巾，下身搭配一條非常有個性的功夫褲，顯然穿了一段時間，顯露出歲月的痕跡。他的謙恭婉柔又帶著剛硬的線條美，讓我印象深刻。後來，我才得知原來這位正是潘靖老師，一位極具底氣的太極拳術老師，而我參加的課程正是在他的教室裡進行的。

潘靖老師的教室位於熱鬧的東區，室內設計精緻，鏡子前擺放著一個氣勢磅礴的大鼓，這讓我不禁聯想到他一定擅長擊鼓。我總覺得他的姿態與傳說中梁紅玉擂鼓時的英姿相似。

我一直對太極拳術有興趣，但由於時間有限，未曾深入學習。趁著教學地點方便，我加入潘靖老師的課程，想更了解這位不凡的老師。不過，由於上班族工作繁忙，我未能常常參與課程，儘管如此，對潘靖老師的課程仍印象深刻，尤其是他對太極螺旋能量的講解，如何將能量從體內引導至末梢，鬆開臂部和尾閭，達到身體放鬆的效果，這讓我對太極的調身、調息、調氣及放鬆的理念有了深刻的體會。

在課程中，潘靖老師會當面指正學員的動作，並幫助學員拍背，幫助排除身體中的濁氣。在靜態練習一段時間後，他會指導學員做出更多帶有力量的動作。每當他示範完動作後，他會低聲念出一長串的話語，讓我來不及完全聽清楚，卻又非常想記住。雖然我上課的時間不長，但從潘靖老師的教學中，我感受到了他對太極獨到的見解與豐富的教學經驗。他不僅重視身體的練習，更將太極視爲一種生活哲學，並將自己的人生經驗融入其中，使得太極的修習不僅是身體的鍛鍊，也是心靈的成長。他在致力於將太極帶入現代生活，使其更貼近現代人的需求。

最近，我剛讀完了長篇小說《燕食記》，其情節一直在我心中迴盪。當潘靖老師邀請我爲他書寫序言，我閱讀潘靖老師的作品時，儘管這兩本書的內容差異很大，我卻不由自主地將它們進行比較。這兩本書都探討了尋根與傳承、時代變遷等議題，展現了對傳統價值觀的珍視，也對現代社會進行了反思與展望。它們強調師徒之間的互動、技藝的傳承，以及人與地方之間的深刻聯繫。

潘靖老師的作品則從另一個層次帶來了啓發。他通過「螺旋」這一概念來講述個人經歷，深入探討如何通過太極來理解生命與自我提升。他的筆觸細膩，故事充滿趣味與哲理，引導讀者進入一個充滿能量與智慧的世界。他強調，「螺旋」不僅是物理運動的方式，更是一種能量的體現與轉化，與太極修練和個體內在成長密切相關。他將螺旋運動與宇宙能量、身體能量的聯繫進行詮釋，指出宇宙萬物圍繞自我運行，並與能量波的頻率相銜接，展現了個體與宇宙之間深刻的聯繫。在能量的流動與收放中，我感受到潘靖老師如何通過螺旋的方式武動他的太極，並堅定地走上自己的教學之路，這一切都充滿了耐心與堅韌。

《燕食記》裡榮師傅的「熬」是「熬出一個軟糯沒有脾氣的蓮蓉」與潘靖太極的「漩」是「漩出屬於自己的螺旋」在某種程度上都對人生做了深刻的詮釋。這些象徵性的詞語提醒我們，無論面對何種困難，只有以耐心與堅韌爲伴，才能最終修練出屬於自己的獨特人生境界。

我對太極拳的喜愛，來自於它蘊含的哲理。太極結合了儒、道哲學、陰陽辯證、五行變化等思想，每一位太極拳老師在教拳時，都像是在講述一篇深奧的文章，教導我們如何做人。因此，上太極課時，我總能感受到一種教化蘊養的氛圍。正如有云，「看其拳風如其人，領會心法如其拳」。潘靖老師謙恭柔美又帶著剛硬的線條美，正是他拳風的眞實。

將身體的柔軟旋轉與宇宙的運行聯繫在一起

吳俊輝　劍橋大學宇宙學博士、臺灣大學教授暨理學院副院長

在探索宇宙起源與生命價值的漫長旅途中，我們時常尋求一種能夠同時啓發內在力量與外在視野的智慧。《武學世家的兒女——漩能量》正是這樣的一本書，它嘗試將傳統武術的哲理與現代生活的挑戰融爲一體，透過作者潘靖的眞實故事，引領我們從不同的角度思考生命的本質，以及我們在這浩瀚宇宙中的角色。我自己修習氣功及易學近四十載，目前仍持續探索及教授宇宙的東、西學及其和人的關係，覺得這是一本很特別的書。

本書的開篇，透過潘靖的童年故事，爲我們展現了一位生於武術世家的女孩如何在早年的挑戰中萌生堅韌的意志。他在面對語言表達的困難以及與同儕相處的障礙時，以一種深沉的內在力量超越了這些局限。這不僅是他個人成長的起點，更是我們每個人面對生命困難時的一面鏡子，提醒著我們：透過內心力量所突破的外在限制，往往是通往自我成長的第一步。

隨著故事的推進，我們看到潘靖如何在武術的訓練中，將家族的傳統技藝與自身的獨特理解相結合，最終站上國際舞臺，將中國武術的魅力傳播到世界各地。在他的認知中，武術不僅是力量的象徵，更是一種內外和諧的藝術，他所

提出的「漩能量」概念，更將身體的柔軟旋轉與宇宙的運行聯繫在一起，展現了易學中天地人之間微妙而深刻的關聯。

書中的每一章節，都如同一場生命對話。在潘靖的教學中，經常嘗試將武術超越技巧層面，轉化爲一種心靈的修行，以眞誠的方式啓發學生，讓他們在內在能量的探索中找到屬於自己的生命節奏與喜樂，這與我多年來在氣功與《易經》教學中所倡議的「無招勝有招」及「助人爲樂之本」，非常貼近。眞正的教育及傳承，並非僅僅是授業、解惑而已，最重要的是傳道，在學生們的內心深處放一塊瑰寶，讓他們在面對人生波折時，都能有所據地自信面對與克服。

潘靖在書中的後段愈加展露出他的哲理深思，嘗試以其對宇宙的獨到觀點，引導讀者重新審視人類在浩瀚天地中的角色。目前的主流科學確實相信，我們身體中的每一顆原子，乃自宇宙誕生的初期卽已存在，他將這個概念以詩意的方式表達，以不同的面向去探索思考生命的根源與本質，以及我們和宇宙之間的緊密關係，他嘗試以融合科學與哲學的論述方式，在啓發理性思維的同時，也喚起對生命意義的深刻感悟。

書中的末段，彷彿是作者與讀者之間的一場對話。他回顧了自己的武術旅程，並展望了武術如何在現代社會中持續發揮它的價值，文字中帶有一股溫暖的力量，提醒我們武術不僅僅是傳統技藝，更可以是一種生活藝術，能夠幫助我們在緊湊的現代生活步調中，找到內心的寧靜與方向。

總而言之，《武學世家的兒女——漩能量》是一部獨特又充滿啓發性的作品，它以哲學的思維和眞實的自身故事，嘗試爲讀者們開啓人生中一扇溫暖的窗。對於那些希望通過內在探索來實現生命和諧的人，這本書提供了一個值得一試的指引。潘靖的故事提醒我們，眞正的力量源自於內心，眞正的平衡則來自於對生命及宇宙的深入理解。這本書就像是一個眞誠的朋友，嘗試在字裡行間傳遞智慧，讓讀者在細細品味中，體會武術與哲學交融所帶來的深邃與美好。讓我們和潘靖一起努力！

動則不衰 樂則長壽

黃虹霞 退休大法官

我先生陳國儀曾擔任中華奧林匹克委員會祕書長多年，公公陳奇祿先生特別書寫「動則不衰　樂則長壽」八個字，作爲國儀在中華奧會辦公室的飾壁。這八個字目前掛在國儀擔任國立體育大學副校長辦公室的入門處，一方面緬懷他的父親，一方面隨時提醒自己注意保健。

我覺得公公不僅具文化素養，而且懂得養生，從他所書寫這簡單八個字可資印證。我完全認同要動才有健康，就健康而言動爲常，動才符合無常環境的本質。但是知道是一回事，做是另外一回事。長久不太運動的結果，是稍稍在電腦桌前多工作幾個小時，就覺得背痛肩頸僵硬人不舒服。知道生活習慣不佳亟待改進卻總是拖著拖著，直到看到張小平學姐年逾七十而筋骨不可思議的柔軟，才在小平學姐的引薦下，跟潘靖老師學習太極。

約一年來，課前的抬腿拉筋，從兩三秒到一兩分鐘；與衆不同的縮腹仰臥起坐暖身，從氣喘手軟腳軟到應付自如；從不出汗到出汗；從過程中不斷打嗝等等，我知道自己的生理在變化，我的身體在改善中。

相較於跟隨潘老師學習太極十多年的資深學長姊，我是小菜鳥。因為有自知之明，知道自己不曉得手腳該怎麼擺，動作可能很奇怪好笑，所以從第一天上課起就躲在最後面，藏拙！這一招卻也給自己更多學習的機會，因為可以更放開專心聽潘老師的提點，比如找到自己的螺旋；透過兩個腳掌內外足弓的移動，從大地借力，而不使用膝蓋肌肉的力量；擴胸搖曳尾閭經由督脈提升陽氣至頭頂泥丸宮；以意引氣外形隨之等等。

潘老師一身武藝，打起拳來虎虎生風而且非常好看，但老師不特別講授招式，不要求學生動作外觀一致，因人施教，能夠融合初學與老鳥於一爐，而毫無違和感。潘老師具備家學淵源運動科班出身，而且遍訪名師習太極，習得的不止是招式，更及於太極的深沉內蘊精粹；老師不藏私眉角盡傳；教學過程尊重個別差異，鼓勵導引學生建立各自的內在螺旋系統，找到自己獨有的太極。虹霞受用良多。

實體課程能教授的學生數量畢竟有限，潘老師出紙本書附數位教學錄影解說，可以兼惠眾多太極同好，利益其身心健康，還能永傳後世，善事一樁，爰為推薦。

太極拳兩三事

陳國儀　亞洲奧會執行委員兼財委會主席

瑞士國際奧會奧林匹克雕刻公園矗立著朱銘的大作「單鞭下勢」，標誌了太極這種運動的特殊性。

楊英風及其入門弟子朱銘，兩位藝術家的太極系列作品名聞遐邇。中華奧會是國際奧會的正式會員，一九八六年為慶祝位於瑞士洛桑國際奧會總部的新奧林匹克博物館落成，並彰顯運動與藝術的結合，中華奧會募款並委託朱銘先生製作真人等高的「單鞭下勢」銅雕乙座，捐贈國際奧會永久典藏，放置於奧林匹克雕刻公園提供觀賞，實質開啓太極拳運動和奧運會之關聯，並且提升臺灣的國際關係。

太極拳運動源起於東方，主要流傳於亞洲。儘管目前還未成為國際奧會主辦的奧運會比賽項目，但自一九九〇年起即已納入亞洲奧會主辦的亞運會正式比賽項目武術的其中一個子項目——太極拳與太極劍。雖說迄今亞運會武術項目的金牌得主多為中國籍運動員，但是如果就總獎牌數排行榜上，臺灣的總獎牌數多於總排名在前的中國澳門、印尼、馬來西亞、泰國及日本。

好消息是，太極拳已確定納入二〇二六年的限十四至十八歲參加的青年奧運會比賽項目中，主辦方是塞內加爾。

聯合國教科文組織保護的世界遺產包括一九七五年十二月十七日生效的保護「世界文化和自然遺產公約」旗下的自然遺產、文化遺產及兩者兼具的複合遺產，這些都屬於物質形式，截至二〇二四年總計有一千兩百二十三項，其中過半在歐洲和北美地區。

此外，還設立「非物質文化遺產公約」，針對某地區文化傳承有重要意義的行爲和表現，如民俗等各種非物質形式的智慧財產的保護，於二〇〇六年四月二十日生效，目前列入代表作名錄者共六百一十一個。而太極拳則在二〇二〇年由中國單獨申報，成功列入受聯合國教科文組織保護的人類非物質文化遺產代表作，足見太極於人類文明的重要性。

和自己在一起，你今天「漩能量」了嗎？

張卉君 作家

「自我倦怠是一種單獨的倦怠，是一種沒有世界、對世界的知識貧瘠、會毀滅世界且與世隔離的倦怠，會摧毀與他人之間的關聯，只利於自戀型的自我參照（Selbstbezug）。」——韓炳哲

直抒對當代社會的觀察，柏林藝術大學教授韓炳哲自二〇一〇年起陸續出版《倦怠社會》、《透明社會》、《愛欲之死》等書，特別是一上市便備受矚目、各國爭相翻譯的《倦怠社會》中，精確描繪現代社會充滿「梗塞」現象的病理學樣貌——由憂鬱症、注意力缺陷過動症、邊緣性人格疾患、身心俱疲症候群等神經性疾病主導的各種倦怠，正隱微卻深刻地影響著世界的面貌。

相對而來的閱讀觀察，不難發現保健醫學、心靈叢書與成功致富的方法論書籍長年暢銷，盤踞榜上並駕齊驅，人們有多渴望出人頭地，就多需要追求身心平靜。然而身處於「倦怠社會」中的芸芸眾生，該如何在追求成就與身心健康中找到平衡呢？武學大師潘靖告訴我們：慢下來，踏入太極的殿堂，讓源自遠古的寧靜力量穿透身體空間的壁壘，重新感覺自己，透過太極的「螺旋能量」，尋找地球、自己、宇宙的關聯，「以自身為主題，往外輻射、往內歸復，去銜接一

切的一切，然後讓此身度此生，用生命影響生命，把自己活成一道光。」

「和自己在一起」到底有多重要呢？傳授太極多年的潘靖在書中篇章反覆強調，他的初衷是「讓想進入太極堂奧的練習者能找到自己的螺旋，自己的太極自己做主。」每個人學習太極的目的不同，從過去傳統的武學防身觀念，漸漸趨向現代人的身心需求，在各式拳路的練習中，由基礎的自我療癒爲始，層次理解太極之道：「太極的雌雄同體，貴柔守雌找回另一半的自己，靈魂若具備這兩種能量，便能自成一個世界，能剛能柔、百毒難侵，能進能退。」在畫弧扭轉之間打通身體的空間，不僅強調物理上的合一，氣血、心緒的流動「順乎一切自然，萬物合一，而成爲眞正的自己。」也示現了無形空間的開展，進而能「變得成熟、壯大自己，其實就是做到與自己靈魂相守在一起，以自己加持自己，把能量找回來。」

從小習武的潘靖回憶童年「一個人的江湖」，述說在北投廢棄宅院的探險、敏銳感受空間與個體間的連結，以拳代舞供養天地、回應山神，走筆至他如何從遺世獨立的深林往返人間，拜師習拳的經歷奇遇，再以各種角度詮釋太極思維，看似信手拈來的漫談，卻篇篇不離身體的覺察與自然的領略，迤邐出遼闊迷人的宇宙觀，既廣袤又微渺，自由穿梭於有形和無形的邊界之間，將多重自我整合在一起，從而協調生出力量。

「我就是自己唯一的解藥，自行去化解，也和自身達成和解。」作者如同一名通往靈性漩渦的引路人，搭建字句成渡舟。展讀過程中，也勾連起我近年在山林裡和自己獨處的一次深刻經驗：那是名為「靈境追尋」的深度自我對話之旅，四天四夜在森林裡獨處，不離開方圓三米之地，斷絕俗世連結，天地為帳、禁食不語，僅帶著對生命最迫切的提問，在全然孤絕中打磨鈍化的覺知，進而接收宇宙自然中的訊息，領略自我與他者、個體與萬物之間的關係。那是一趟靠自己蹣跚起步、對抗心魔、觀察反應、慢慢醒悟乃至於自我和解的英雄旅程，身心如同強制關機再重新啓動一般，從毀滅的灰燼中轉化新生。

潘靖寫學習拳法、走入太極世界之後，對內外宇宙的領略、對生命的明白與關懷，隱然示現了更為深遠的悟道之路。從雙向旋轉的「太極」符號遁入，連結至宇宙、自然、身體的空間與時間、能量不滅、氣的運轉、漩渦與無限等看似虛幻難以理解的詞彙，透過拆招解步的畫弧引路，對應太極十三式背後的精神，讓初識太極不懂門路的讀者有機會跟隨、模擬、練習，藉由身體的鍛鍊而達到精神的境界，進而走向一個圓滿的世界。

在依然倦怠的社會裡，一旦覺察自我與自然萬物間千絲萬縷的連結，個體便不孤獨，迎來繁花盛開，萬物同在。

柔如輕風拂葉，剛則如草書勁筆

學生代表 謝富紀子　三普旅遊集團副董事長／臺灣日本人會監事

每週下午，我們聚集在臺北信義區的教室，有些同學會帶來泡好的美味咖啡，有些同學會分享國外的甜點，一踏進教室便香味四溢，歡聲不斷，引頸期盼「威震江湖太極班」的課程隨之開始了，此時咕咕鐘聲響起，時針指向兩點鐘方向，每位同學靜靜地「坐」好準備。仰望著 TAIPEI 101 的上空，跟隨著傳統古箏音調，此時潘靖老師帶著我們開始做起地板上動作。本以爲是暖身的一種，但後來了解到是爲了接受「地」之氣，原來每一個動作都具有重要意義，每堂課的流程都一樣，以太極導引跟太極拳去找到自己身體的螺旋，而每一次都有新的發現，學到正確方法。

潘靖老師會仔細觀察每一位同學的動作及姿勢，發現同學身體上的變化，關心大家最近的狀況，也不斷地逐一教導，並調整我們的呼吸，確認身體部位的姿勢與角度是否正確。

潘靖老師非常親切，態度謙和，平易近人，老師的太極莊嚴穩重又優美流暢，柔則宛如輕風拂葉，彷彿將我們帶到了大自然裡，剛則如草書勁筆，勢不可擋。

回想起第一次與老師接觸，感覺他的親切樸實又充滿無邪童心，很難想像他有這麼深厚的太極涵養，的確是「眞人不露相」。

開始學太極拳之前，在我的認知中，這是傳統的健身方法，也是很好的養生之道，實際學習之後，初期動作遲緩，經常望著老師及學姊們的動作與姿態，亦步亦趨跟著做，加上潘靖老師耐心又細心地指導，漸漸體會動作的竅門。

每一次上完太極課回家後，總是汗流浹背，當晚很好入眠，倘若因故請假未能上課，身體就會感覺不甚舒暢，這似乎說明太極課已融入我的生活作息中，且是不可或缺的一項。

窗外的陽光反射到教室裏每一個角落，身在都市生活的我們，不管生活壓力多大，暫時能讓疲累的身心歇息，只專心於自己的呼吸，打完太極下課時心情頓感輕鬆愉快。

因爲國籍語言的差異，雖然我聽不太懂潘靖老師所說的太極方面的專有名詞和用語，然因我年輕時曾接觸過中醫學，而老師於課中經常提到的《黃帝內經》及中醫理論，又是我熟悉的部分，深深吸引我上太極課程。學到現在已有兩年的時間，深刻體會太極可使人穩定情緒，消除疲勞，具有促進全身血液循環，改善肌肉及神經功能，提高肌肉的彈性和韌性，也能提高免疫力。

時至今日，二十四節氣曆法存在民間，影響現代人生活，《黃帝內經》上說：「四時陰陽者，萬物之根本也，所以聖人春夏養陽，秋冬養陰。」潘靖老師常引用《黃帝內經》，教我們調養生息，以二十四節氣的經絡走向，安排運功練氣，修身健氣，而養生之道，「天人合一，順應四時」，養生更重要。

近幾年全世界面臨疫情的風暴，這並不是第一次發生，一千年前也曾經發生過瘟疫，先人如何克服？現代人似可借鏡古人的智慧去思考。我個人認爲平常的鍛鍊非常重要，潘靖老師也常分享給大家每個季節裡應注意的事項，透過課堂上適量的鍛鍊，即可到達活氣血，通經絡，潘靖老師指導的太極世界養生精華，更是與健康之道相結合，實爲新世代的保健觀念，這就是我們「威震江湖太極班」的春夏秋冬。

本人在年輕時看到祖母及父親學太極拳半世紀，內心一直期盼有朝一日能尋覓到合適的老師學習，能與潘靖老師結緣，並身爲他的學生，實感榮幸及珍惜。

本書是潘靖老師自幼的故事與太極教學之精華，歡迎有興趣的朋友能閱讀本書，相信定能於日常生活中有所收穫，更期待大家親身體驗課程！

（以推薦人姓氏筆畫依序排列）

01
那些年　我慢出生、我慢成長

我要來這裡了！
第十一個月是哈姆雷特與唐吉訶德的對決……
歲次辛亥，
東方王朝改朝換代後的一甲子，
是個歷史上值得被記錄的歲次符號。
這年秋天，
一個鍾靈毓秀、白霧濛濛的小鎮——臺北北投，
我就在這兒出生了。

我慢出生、我慢成長

我一出生，頭髮就長到肩膀、體重重達四千多公克，根據媽媽的說法是：因爲你在胎裡多待了一個月，所以胎內養分吸收得特別好吧。

媽媽還說她懷我時，每天平均要吃一斤芭樂。這件事，我始終無法理解，也找不到眞正的原因。但待足十一個月才出場落地，我倒是很可以想像的，一定是因爲某種不得不來這一趟的緣分，所以要來；但又發現這個環境目前很不適合，於是產生能拖一天是一天的心態。可見我打出生就有很哈姆雷特式的左右爲難，最後卻還是以唐吉訶德夢幻騎士的精神砥礪前行，來到這人世間圓夢。

從另一個面向來說，這不同於一般哺乳人類十個月就出場的套路，也算清奇吧！那年是豬年，那天還剛好遇上臺北市因某宗教祭典而不能殺豬的日子，搭上我特別的出場儀式，這巧合，是上天有好生之德吧。畢竟，不是每條豬都要被宰的。

反應與語言被封印了

也許是晚出生的關係，成長過程中，有好長一段時間，我的表達不及同輩，反應也很慢，慢到似無反應，特別是語言這部分好像被封印了。話，很難說出口，終於說出來，又結結巴巴的，口齒非常不清。不過，那時卻不覺得自己有哪裡怪。

直到七歲的一個晚上，爸媽突然要帶我去給醫生看一看。原來是他們發現我的語言表達能力有問題，不知該怎麼辦，決定直接帶我到醫院檢查喉嚨、舌頭、耳朵和腦部智力。

記得我躺在診療椅，看著媽媽、爸爸、醫生三個人一直在討論，媽媽跟醫生說：「我不知道這孩子爲什麼連話都說不出口，就算話說出來也是結結巴巴的，而且我跟他說話時，他都沒有反應，是不是舌頭有問題？或是耳朵聽力有問題？還是頭腦發育不良？」

檢查好久後，醫生用一種不知所以然的表情說：「一切都正常。」

沒到醫院前，我並不覺得自己有什麼問題。但那晚，我不斷地想著媽媽跟醫生敍述我的狀況時，總是用一種肯定句說：「一定有問題，不然怎麼會這樣……。」當下，我覺得自己好像眞的在某種程度上有了點故障，也第一次懷疑自己可能結構發展不健全，一時間很徬徨無助，深深覺得前途未卜。

那晚，依稀記得天空有點星光，卻很黑。回家的路上，雖然父母跟我走在一起，卻一句話都沒說，更沒有安慰或關心我一下。我覺得自己是一個人獨自走在夜路上的，分外孤獨與沮喪，有種難以平復的心緒。

當時小小的我，在醫院看著三個大人討論，特別是媽媽說話時的語氣，不知不覺中竟然成爲我後來的咒語與陰影，自覺是瑕疵品的念頭像蒼蠅老是在腦袋裡轟轟轟地；只要有人對我指指點點，小時候的那種無措感就會湧出，擔憂自己的問題是不是又要被討論了？因此，極害怕成爲衆人的焦點。

多年後，我覺得彼時的我，是靈魂初次進入肉身，初來乍到、人生地不熟的，一時間還不太會操作這個身體，甚至於語言系統還在通往目的地的途中，人間太吵，想在靜謐的宇宙間漫遊久一點，比肉身晚抵達好些年。也像是剛來的菜鳥移民一樣水土不服，還沒適應，雖然身體的內建功能：喜、怒、憂、思、悲、恐、驚都有下載軟體設定，只是還不會操作。

我想，每個人開竅的時間不同，世間有各自安排好的行程，就像有人辭官歸故里，有人漏夜趕科考，花開的時節也有屬於它的節奏。不善表達的我，仍是精神富足、思想獨立、情感豐富的。

當時的我想要去找出事情的原因，但往往是找不到的，總是要等未來的我再回頭看看，才會明白爲什麼。

天之涯、地之角，知交半零落

連話都說不出口，自然不太會用語言去表達自己，這就大大影響到我外在的表現，我不會也不知道怎麼交朋友？

小學時期，以爲這樣的自己是自然的，沒有太大的差別感。上國中後，慢慢有一種學習段位的分類，分班制造成同學間有隱隱的分歧，開始以群分、以成績來論英雄。

而我，說話口齒不清、發音不準，連被老師叫起來唸書本都永遠唸得支離破碎，這樣的我更難交到朋友。還好那時正推行常態分班，我被抽到屬於常態班的中間號碼，在我這班前的都是優等班、後面的則是放牛班。

不過，打很小的時候我就提醒自己不要被歸類，怕被歸類了就很難找到自己。

於是，在這苦悶的成長環境，我藉由運動來適應環境，也去感受外在環境，拓展空間。整個人的精氣神提升了，不僅特別有朝氣，氣勢也比較強大，運動成了我與世界接軌的方式。我因而對各種運動充滿熱情，在校隊裡，只要一訓練，身體很快就可熱絡，進入一個人的江湖，那可是有別於現實的異次元世界。

記憶裡的暑假，我總是穿上短褲，騎上腳踏車，車籃裡放著籃球，身上背著網球拍、外加一把劍，到籃球場投籃、對牆打網球、打一套查拳，再拿起劍練習；或是帶著一顆足球，一個人在操場上不斷地將球踢上、踢下，就這麼度過一個下午。

某天，我終於鼓起勇氣第一次去交朋友，約好了時間、地點，等了半天卻等不到人，像是被放鴿子放到蒙古呼倫貝爾大草原這麼遠。當時心中十分不好受。

相較之下，在運動的過程中，能夠靠自己完成一切動作，根本不必把心思放在等待他人的不確定，這種獨享的身心活動，讓我再三產生似有腦內啡襄助的暢快感，也就不那麼執著於是否有小夥伴。

而我經常一個人躺在操場或階梯上，看著晚霞滿布的天空裡有一枝彩筆，那是愛幻想的孩子才會懂的天空畫作。當英文老師要我們取英文名時，我就給自己取名「SKY」——天空。如果世界是一本書，何不隨手在這熙熙攘攘的城市中取一頁來閱讀，讓心找到僻靜處，並安放身體裡與地球同年齡的老靈魂，成就一個人的江湖。

02

那些年 我基因中的武術因子

人生沒有意外。
宇宙沒有巧合。
這世間沒有無緣無故的安排，
也沒有乍然而現的改變。
始於哪裡？走到這裡？去向哪裡？
一切都是點線面的集合。
順應生命就好。

那些年　我基因中的武術因子

我還是小小孩的時候，就喜歡伸展手腳，在別人看來，就是一個愛運動的小娃。但在我不知不覺中，原來已承載著我的靈界牽連。

穹蒼寂寂中，我好像可以聽到擧掌探天、旋腿飛踢的兵令，我也可以在無聲旋律裡，抓到婆娑起舞與幡然起武的共鳴節奏。或柔軟、或堅韌，在凌波漫步與重踏巨石間，我都有著隨心而欲的舒放。

而少年仔的好動，演變成對武術的鍾愛，在日復一日、年復一年的刻度裡，我由慕而痴的愛上太極。

喜歡看我習武、練武的爸爸，曾不禁有點得意地說：「你有遺傳到祖先的基因喔！」

那時的我，只覺得自己不是大戶人家，也不是名人之後，雖然祖先是武將、武術高手，阿祖婆是中醫抓藥的厲害神手，伯公看診還會視狀況免收銀兩，是讓貧窮的病人不需擔驚受怕的良醫。不過，就算家族分子都是一脈相承的熱血濟世心腸，跟我有什麼關係呢？我不禁好奇起來，默默地想要探索其中的關連。

泛黃的相片，透露了武術與醫術的DNA

爸爸的老家在嘉義，年輕時隨著伯父北上工作，才落腳在北投，後來也跟道地的北投姑娘——我媽媽相識結婚。

關於嘉義家族的故事，我大多是從父親口中聽到片段轉述。他的表達能力不是很好，我的理解能力也很差；他說得不清不楚，我聽得懵懵懂懂，所以，幾乎沒有哪一樁事，是我當眞聽到心裡。

直到二〇一八年的某天，父母爲了找不到一件東西而發生爭執，互相指責對方爲什麼不把東西放好？

「這麼重要的東西找不到，是要逼死誰？」

看著他們又急又氣、又瘋又鬧，坐在餐桌上吃早餐的我，心裡悻悻然。

處在這場茶杯裡的風波，我居然老僧入定不動聲色地吃著早餐。突然間我看到一個陳舊鐵盒，順手打開檢查看看裡面是什麼？竟然是滿滿一盒相片，還都是泛黃、褪色、模糊且年代久遠的照片。我一張張的翻著，聚焦在三張差不多情境的黑白照片，照片裡有著同一位老人、左右兩邊站著阿公和阿嬤，我想這應該就是爸爸口中的阿祖婆吧！

我直接大喊：「爸！你看這照片裡的人是誰？」我晃晃手裡的泛黃照片，爸媽立刻停止爭吵。

一破鐵盒相片，結束一場唇槍舌戰。

爸媽已經忘記正在爭執的事，爸爸話匣子一開，講起與那些老照片有關的陳年往事，連媽媽也跟著聊起阿祖婆是何等厲害的老人，絲絲傲色中挑眉道來：「連嘉義的空軍，都會來找阿祖婆抓藥，或來調養眼睛，因爲飛行員的視力非常重要。」

本來以爲從小聽到大的阿祖婆，只是一位隨便說說的人物與故事，從未入心。有圖有眞相，這下子，我突然也有搖身一變的神氣。

我的阿祖——潘天河，在嘉義經營「長義堂」武術館，阿祖婆則是中醫世家，專精治療眼疾，照片裡的阿祖婆是在她所開設的「向生中藥房」秤著滿桌的中藥材。

父親很驕傲地講述那個時代祖先的點點滴滴，從家傳武術的俠義精神，說到救亡扶傷，不論貧窮或是富貴，一律用心對待，所給所用的藥材毫不手軟，往往讓上門求醫的人家提回一整大包。

我對阿祖婆的形象，也因此產生具體化的感覺，深刻感受到一股血脈傳承的精神。

爸爸還說到祖先留下來的藥帖都已經失散了，但他仍珍藏三帖祕帖藥方。這些都是先輩們以身行善傳承給後代的家業，對眾生敬重、對因果敬畏，這份精神遺產的重大價值，不論時光遞嬗，在我的血脈裡，始終敬存著這不變的基因。

一本書，應證血脈的傳承

二〇〇九年秋冬時節，是我高密度往返臺北與上海的工作期，習武與教學交替著，我藉著大量閱讀文學典籍，交融「武與藝」、「武與文」的靜動魅力。

有天，課罷後的空檔，我順路逛到金石堂書店。

一進書店，就看見入口處的書架擺滿近期的暢銷書，我一眼看見龍應台著作的《大江大海一九四九》，像是被召喚的異象使然，迎合著內心強烈奇特的感覺，走過去拿起這本書，隨手翻到的那一頁，正書寫著「蕭萬長」談論我家族伯公的故事。

那是一段我從小就常常聽爸爸所說：伯公——潘木枝習醫、從醫的經歷。

伯公潘木枝從東京醫學專門學校畢業後，回嘉義承繼「向生中藥房」，開設了「向生醫院」，常常照顧窮困的病人，書中曾任副總統的蕭萬長口述記載了那一段故事。

當時出生在嘉義、年幼的蕭萬長，家境清寒，生病卻無錢醫治，伯公潘木枝分文未收的全力救治他。後來，伯公因遭遇一場無妄之災而罹難，小小蕭萬長即由媽媽帶去上香，接過媽媽遞給他的一支香，即上前祭拜救命恩人，日後，全村鄰里間也都熱衷傳頌這個感念事件。

這段故事敍述，清晰地收錄在《大江大海一九四九》書裡，文內所描述的場景畫面，跟父親過去所說的完全相同。我立刻將書買下，龍應台的書寫也掀起我內心無比激動的浪潮，甚至更甚於父親講述的威力。

《大江大海一九四九》一頁的紀錄，就像是一個啓示，證明過去父親所說的家族善行都是眞實的。而透過文字牽引的力量，我已然明白：原來，在我身體內流淌的血液，註定了我該傳承相同的精神。

多年後，跟一位學生重聊祖輩的武舉人背景，我並不清楚他也是嘉義人，沒想到他竟然找來一本《嘉義市志》，志裡卷七的【人物志】裡有一篇專門記錄潘木枝的生平，同時記載了家族先祖來臺的源起，從來臺第一代潘捷武爲清朝的武舉人，官銜騎兵尉；第二代潘燕，習武，未任官；第三代潘天河，經營武術館「長義堂」。

而我，已經是來臺第六代了。

至此，我心中有尋到根源的歸屬感，這志裡所書的紀錄證明父親所言不假，也難怪他經常會說我最像先祖，原來我血脈中習武的DNA其來有自。與人對打我壓根沒興趣，但每次運動完渾身舒暢，讓我分外有種舒適感。

從書本到照片，似啓示我：先祖的武術與救死扶傷的精神，傳到我輩，讓我從小時候單純的愛運動，到長大拿資歷；從懵懵懂懂專心致志的習武，到最後在太極螺旋的世界裡，找到了悠遊自在，找到了與能量的對話，知道強身健體與能量的開發是相輔相成的，這些應該都是先祖們在冥冥中引導著我尋得根源，傳續遺風，讓我繼承他們的精神，帶著學員們勞其筋骨，讓身體更自由，氣血順暢，精氣神飽滿，和祖輩藉著醫術讓人脫離病厄，竟然有異曲同工之用。

哲人日已遠，典型在夙昔，我心曾許願將此精神與能量，繼續傳遞下去。

03

那些年

五百，讓我絲絲牽掛

走過的歲月、經歷過的故事，
或那些曾經被人喜愛而帶回去珍藏的東西，
當時間過去，
我，成長了。
有些東西已隨風而逝，
但那些曾經，也都成爲我現在和未來的養分。

在我國小五、六年級時，有一天，上課中，同學窸窸窣窣地討論著：「在關渡車站那往海邊方向走去，有一艘神祕的廢棄鐵船因擱淺停擺在那，非常壯觀。」我一聽就異想天開地想：是不是電視裡的《金銀島》出現了？它在等我去尋寶。

於是幾個小毛孩湊了車錢，坐著火車到關渡，一路向傳說的海邊衝過去，遠遠地就看到一艘巨大的廢棄船艦。我們興奮大叫，像瘋狂的傻子般狂奔而去，吶喊著：「金銀島我來了！」

在海灘上我們翻筋斗，雙手像鳥一樣展開、頭往前伸、雙腳不停奔跑，高唱著金銀島的歌：

「勇敢的孩子　乘風破浪去找夢裡的金銀島
在那夢裡的世界　充滿希望我們要去尋找它
充滿信心　一片眞誠　爲了理想不怕困難」

北海小英雄！要發了！

那是個下著毛毛雨的冬日下午，我們進到那艘整個生鏽的廢鐵船裡，威風地穿梭其間走來走去，還爬上船板幻想自己是海盜、是北海小英雄、是吉姆，我們要去金銀島尋寶，開始我們的傳奇冒險故事。那時，我們突然像發現寶藏般看到一塊好大好大的鏽鐵，我們決定把它搬回北投賣給收廢鐵的。在附近找了一個大布袋合力把大鐵塊放進去，接著又一起拖著、拉著、抬著，途中我還摔了一大跤。

七推、八拖、九抬地往關渡火車站走去，同學邊走邊說：「我們發了，這麼重應該有五百喔！」五百塊錢耶！對當時的我們而言是天價了！發了！發啦！大家都沸騰了，爲了這五百元爆發力十足，奮力地繼續往前拉。

終於拉到關渡火車站，坐上一列承載貨物的火車，我們選擇待在裡面空空蕩蕩的最後一節車廂，貨車的門是開著的，我站在門邊搭著手，火車往前走、景物往後移，我迎面吹著風，站出一個勝利者的姿態，那時的我眞覺得自己是挖到大寶藏了，實在太開心！

到了北投車站，出站後就直往大業路方向，有一間專門收廢鐵、酒瓶和報紙的大回收場。那是最後一段行程了，很費力地把大寶藏鏽鐵塊搬到門口，那一刻我們臉上堆滿燦爛與自信的笑容，還主動將鐵塊放在秤重機上。這時，大夥倒吸一口氣，宛如進入一個無聲世界，只感覺心跳砰咚、砰咚、砰咚，一切像是慢動作播放般地把寶物緩緩地放在秤上，然後，碰的一聲！回到正常，聽到「五十元！」當下，傻了，世界，崩潰了。

五百元穿越時空，以另一種形式出現

二〇二三年，我打算把一些家具淘汰清除，剛好看到中央南路有家小店專賣二手鍋碗瓢盆，同時也收購二手貨物。走進店裡與老闆聊天後，發現他原來是福州人，且因為我的東西很多，乾脆請他到家裡搬收。

老闆來看後，發現物品眞的太多了，於是又跑回店裡拿了一個非常大的麻袋過來，將廚房的東西分兩次全部裝滿帶走。末了，老闆竟從口袋掏出五百元給我。在那一瞬間，二〇二三年的我，與十一、十二歲的我，彷彿處在平行時空，時間在磅秤一秤下去時凝結，疊加在一起，突然聽到的是：對，沒錯，是五百元！

霎時，我有種時空交錯的感覺，老天爺還是滿足了我的金銀島夢。

我跟老闆說：「你幫我把這些收走，是我要謝謝你，這五百元，

我不收啦！祝你們生意興隆。」憨厚的老闆驚喜一下，又不好意思的推託一番，最終我還是請他收回。

首開武術架式融合成別具一格的「街舞」

以前的金銀島夢延遲實現，倒是有一個因爲無心插柳當下得到滿滿獎品的經歷。

讀大學時，有一天看到某著名飲料品牌辦街舞大賽，心生一計，何不把國術肢體動作改改節奏，不就是跳街舞嗎？自己報名後，到現場才知道主辦方說要三人一組，既來之，我還是揣著一把刀，單槍匹馬上臺。幸好，最後也是讓我表演，只是不列入成績。我把掃堂腿、鯉魚打鐵、鷂子翻身等武術架式融合成別具一格的「街舞」，搭配音樂節奏，竟然博得滿堂彩，可讓我得意囉。

結束後，主辦方送我幾疊飲料券及漢堡王的兌換券，我心想說乾脆就兌換漢堡給家人共享；於是，換了十五個比手掌還大的漢堡，擺滿一整桌，好像哆啦A夢的桌上變出快溢出來的銅鑼燒。那一天，感覺自己好像是上大舞臺的明星般，簡直就像是做了一番大事業。

04

那些年　北投老宅的奇幻冒險

小時候的北投，人很少、樹很多，
到處有日治時期留下的建築，
有些是如廢墟般的老宅，
人去樓空，荒煙蔓草。
我會偷偷翻牆進去探險。

下雨時，山裡地熱溫泉煙霧四起，
濃厚又古老的硫磺味，
彷彿山中有鬼魅與精靈。
那時的北投觀光不繁盛，
人氣少，靈氣足，
給了我很獨立的感覺，
跨越時空
領受一個時代的空氣。

北投，曾經是人頭攢動的溫泉鄉與溫柔鄉，那時或許像日本的溫泉鄉有馬吧。一九五〇年代的北投，是酒家文化興盛的時期，杯觥交錯間，浮華風月無邊的迷離，到了一九六〇～一九七〇年代更是鼎盛，溫泉旅館多達七十多家，根本是車水馬龍、歌舞昇平的那卡西時代，北投成爲日本觀光客來臺必到之處。

可惜如《紅樓夢》的詩「喜榮華正好，恨無常又到」，昔日北投風華絕代的光景，到了一九七八年的政策轉變後，從夜夜笙歌的繁華開始走向衰頹、蕭條、黯淡、沒落，一家家溫泉旅館閉門深鎖，地獄谷也暫停對外開放。整座小鎮淒清寥落，罕見人跡到訪，蒸蒸水氣加速建物的老化。我心中的英雄老矣、美人遲暮狀態大抵就是那些年的山城，日漸乏人問津，遂被人遺忘退居在臺北市一隅。

十三歲的我與一座奇幻老宅

小時候，常喜歡跑到一些沒人去的地方探險。那種地方光線昏暗，氣氛神祕，但我絲毫不害怕，反而像盜墓者一樣，滿懷好奇地想發掘箇中的祕密。當地總瀰漫著獨特的味道，人煙罕至，似乎留有某種特殊的形態與氣息，讓我相當著迷。卽使去過好幾次，仍意猶未盡，心裡盤算著下次還要再走過一遍。

有一次，回家後，媽媽見我的樣子有點怪怪的，甚至懷疑我是不是「卡到陰」，還被抓去看醫生問診。

駕起哆啦A夢的時光機，悠然回到了正是人煙稀少的一九八四年北投，那年我十三歲，冬天的某日，我意外發現了一座藏於北投山林間的大廢宅樓，就在那幽雅路的路口進入杏林巷的二號。

這成爲我成長中一段有點遠卻歷歷在眼前，且充滿奇異世界的記憶。

他！不想被打擾，入夢來指引

在幽雅路路口邊有座門面不小的寺廟，寺廟本體卻不大，不寬也不深，寺前有牌匾直豎寫著「鐘鼓峒曼陀寺」，裡面供奉的是一尊年少時覺得很高大的關聖帝君像，寺前那年還沒有遮雨棚，連坐的地方都沒有，自然就少有人會停聚在這。

當年的我進入這巷子前，會先拜一下關公，也發現寺廟後方還

有一間簡陋的搭棚小屋。在好奇心跟探險精神發作下，就進去那裡看一看，裡面的擺設很素樸，特別的是竟然放了一個甕。

之後，幾次進去都只是環顧一下、看看就走。有一次，不知怎的就特別好奇地打開了甕的蓋子，探頭往甕裡看，看不明白是什麼？於是就伸手進甕裡拿出了一個圓形體出來，仔細端詳了好一會，我的媽呀！原來是一顆頭蓋骨，嚇得我差點把這顆頭顱掉到地上。我急忙跟頭蓋骨連聲道歉，裝作啥事沒發生地再將頭蓋骨放回原處，並蓋上蓋子，恭恭敬敬地說了一堆不小心冒犯、請原諒的話語。

我的天啊！多不好意思啊！在那個年紀，我對死是完全無知且陌生的，沒有什麼恐懼，只有很多的不好意思，感覺打擾、冒犯了原來在那裡「住」的他。

那一晚，我躺在床上開始想著世間的聚散離合、生死循環，想著：「他」已離開人間了，爲什麼還要留下一罈骨頭？結果，入睡後骷顱頭竟然出現在我夢裡，「他」說：「你若很好奇的話，你可以繼續往前走，那裡有一間很大的屋子，你去那裡玩，不要來我的地方玩！」

我想，在某個時空之間，「他」被我這個人間小不速之客打擾，爲了不讓我煩「他」，於是「他」指引了一個更有趣的地方，好讓我轉移陣地。

是會瞬間移動幻術的高人嗎？

隔天，我經過大大門面的小小曼陀寺，眞的就只是「經過」，不再「打擾」，在小布蓬前，我還笑笑跟「他」說：「哈囉」，就往前走進一條長長、神祕的幽徑，兩旁樹木高聳，攀爬著滿滿的藤本植物，空氣中瀰漫著濃濃的硫磺味。冬季的杏林巷很陰潮，濕寒天裡雨霧霎靆，濃霧與熱氣氤氳，路邊水溝陣陣白煙竄升，讓樹林看起來若隱若現，朦朧又迷離，彷彿進入一種混合了神明、鬼魅、人類與自然共處的奇幻境地。後來看《神隱少女》動畫，自己當年就好似踏入動畫片的場景裡。

那時，路上冷冷清清、沒有行人，走了好久才遇到一位披著袈裟、打著赤腳、雙手握著化緣僧缽的僧人，他低頭走來，我也低頭走過，兩人目光沒有交集，只是同時走在被雨霧洗禮的道路，各往不同方向，僅止於平行的交集又分道而行。

後來，我再次也是最後一次遇到了這僧人，分別走來，擦身交錯並各自走開。走了幾步後，我突想回頭一看，咦！人呢？他怎麼消失了？就這麼一條簡單的路卻空蕩蕩的，人不見了?!是幻影術嗎？他似瞬間移動穿越了，徒留下硫磺味道忽強忽弱，穿透鼻息，也漫漶在溫泉煙霧中。

我當時整個人杵在原地，但不管他是不是眞的會瞬移，自那以後，我再也沒有見過他了。

而在這條長巷上還矗立著一尊彌勒佛，旁邊山壁鐫刻著：「不孝父母，敬神無益」。

小黑神是我的新朋友

從曼陀寺往前走，往左無法繼續前行，那時上去的路還未開通，偶爾只有一些人騎著越野摩托車上去練習。持續往前經過一座日式風格的廟宇，再順路經過一個彎道，這時右手邊是壁岩，左邊則矗立一棵棵枝葉茂密的樹，將此處或隱或現地遮蓋，旁邊還有涓涓瀑布，那氛圍，彷彿是另一個隱密、低調、幽靜的「世界」，霎時被穿越了。

妙的是，岩壁上又刻著「還我山河、毋忘在莒」等等，被強加的、那個時代的政治標語，種種人爲的鑿痕卻完全不符合這個地方的氛圍，非常突兀地讓一個空間、兩種場景。

走到這，是北投不動明王石窟，當時我並不知道這尊是何神？前有手水舍及拜亭，一清泉瀑布旁依山而鑿出一個拱門式石窟神龕，窟內安奉一尊站立的石頭神像。我爬上小階梯往裡看，想看看這尊神像是何方神聖？但這尊神像通體全黑，完全看不清面貌。我那時稱祂爲「小黑神」，又看四下無人就伸手進去摸摸那顆小黑頭，還跟祂握手打招呼、自我介紹一下。直到多年後，我接觸到唐密才知道，那年被我稱爲「小黑神」的原來是不動明王。

剛開始，我只是在小黑神的領域探索，將旁邊的空地作爲練拳之處。那瀑布平時水量不大，颱風或下大雨後水流則飛瀑直下，氣勢磅礴，讓人不禁有種想像：待會兒應該會出現一位仙人，兩手插腰、站立在岩壁上，手握著一把劍，閉眼靜默待時而動，突然迎風而下揮舞劍術，橫畫瀑布、抽劍斷水。

當年，此地還未被列爲古蹟，人煙稀少，靈氣特別旺盛，於是我就常到此，也開始注意瀑布下的水流，想著水是往哪裡去？遂沿著流水的方向探究去。

走著走著遇到一堵牆，那時，突感覺這牆後面有一種莫名的東西。是好奇心驅使？還是山裡的精靈在召喚？我環顧四周都沒人後，就大膽的往前走，再用雙手撐著牆邊突起處翻牆過去。

一跳進去，當場，我就懵呆了，這是一個空蕩蕩的院子，O～YA！

在不尋常百姓家的照片裡發現「蔣總統」

從空空的院子往前走去是一房間，我大膽地拉開木質的日式拉門走進去，發覺裡面的空間眞大啊！房內放置一張超級巨大的長桌，桌上擺放著好多各國錢幣，還散滿了照片，而且全是在這場景裡所拍攝的，多張照片裡竟然是或單人或好幾人和總統蔣介石合影。

這是怎麼回事？蔣總統！過去我只在課本上看到的，怎麼會出現在這個尋常百姓家裡？難道他常常來這裡？這裡是他的祕境？這裡到底是哪裡？

不過，我也就明白爲何不動明王石窟旁會刻著「還我山河、毋忘在莒」，原來這裡說不定是蔣介石的祕密基地。我環顧四周，這裡並不像是廢墟，有些斑駁的白牆上還掛著「世界陳氏宗親會」的紅色布條，看來曾經是許多人聚會的地方。

由於這地太大、東西太多，無法一次就窺遍全貌，那年寒假，我就忙著在這個祕密基地裡探險。在規劃動線的過程中，也彷彿有小精靈在帶路，在那底層樓面積很大的房子裡，每一層樓、每一間房，都放置不同的東西，打開了我的新視界。那些都不是在我日常生活中能親眼見到、親手觸摸的，那個年紀的我更是看到什麼東西都視爲奇珍異寶。

這地方還有一些窗戶，從裡面可以眺望山景，貼著岩盤的山壁建造，有一種神祕又封閉的遺世感。三面牆連成一片，看起來既有區隔，但又不窄仄，反而十分開闊。

這般的結構很特別，不知是哪裡特有的建築風格？

好玩了，這裡簡直是個遊樂場。在某一個樓層裡還放著許多巨大圓桶木的日本清酒，我把它當跳箱跳過去又跳回來，也第一次見到超大的日本酒瓶；有層樓擺放的還全是瓷器花瓶。越往下走，可聽到水聲漸漸變大，再往下走到最底層，有個歐式的大理石雕紋石質臺階，上有不知從何而來的源源水流，一個露天的大水槽裡還有魚游來游去。

後來，因爲對環境越來越熟門熟路，我終於明白，原來屋裡的水，是從最上面的小黑神(不動明王)旁的山泉瀑布沿壁流下的，這是多巧妙的設計呀！

而當我每次翻著東西、倒著物件時，都會順便整理一下，更不會移動或帶走屋內任何物品，不管是一枚硬幣、一瓶清酒、一件瓷器、一磚一瓦、一草一木，或許是因我尊重這裡的一切，敬畏萬物，萬物也回我以敬重，幾次進出都十分自由與通暢，可以感覺到在這虛空中，我是很受歡迎的。

每次盡情探索，滿意要離去時，我都會莫名其妙地跟這地方說：「明天再見了」，然後俐落帥氣地翻牆離去。（如果你問我為什麼不去走大門或敲門，為何要翻牆？其實是因為我找不到大門在哪裡。）

那時，每晚睡覺前，我還會規劃一下我的藏寶探險地圖，想著明天要去哪一層樓？或是今天探險過的，還有哪裡是意猶未盡的？明天要再去細細走訪一趟。

這幢神祕的老樓，曾帶給我無盡的趣味與想像。

眼前似上演一齣穿越劇

有一次，在我又翻牆過去，正要打開那層木門時，片刻間突然感覺四周場景發生了變化，竟然能感受到屬於這幢老樓的曾經，似穿越回當時人聲鼎沸、門庭若市的熱鬧，彷彿時光倒流在摺疊的時空中，流動的時間定格了，我連接跨入過去的時空。

再再好奇尋覓探索這屋內物品時，最後一次的那天，下了一場雨，雨停後夕陽斜透老宅，我抬頭往窗外看去，山間迷霧、淡黃落日交錯的窗外光景，經歷著北投的發展繁榮與徙變。在車水馬龍的鎏金歲月裡，這依山而建、始終矗立不頹的建築裡，種種舊物，留著上一位主人的痕跡，蘊藏著某一段時光的往事，老屋的故事在時光中遺留下痕跡。

那個寒假，我上上下下在這幢老宅裡探險，順手把物品整理放好，我對這神祕老宅的好奇心已得到滿足，就逐一層逐一間的告別。

大學畢業多年後，再次風聞這幢老宅的消息竟是失火了。我再趟身前去時發現，以往自己翻牆的那一面竟然有扇開放式的門，且已經變成某道觀。直到近日，上網一查方曉得建造人是開設「華南大飯店」的菲律賓華僑陳氏家族，多年的疑惑終於在落筆寫這本書時解開了。時序遞嬗，多少風華煙雲，貼著北投這片山壁興建的「別墅」落盡。曲終人散的老宅留在原地，彷彿也是一種歷史見證，以及那一年的我。

05

那些年　以武會友，以武敬神

去四十六億年前最古老的地球冥古宙，
淋一場那傳說中下了百萬年的大雨，
在天地間打一套拳法供養，
從人間通向蒼穹，
將心中的祈願寄予虛空，祈天祐。

人最終去哪了？

北投是巫神住的地方，磺氣迷濛、地氣強大，從地底的能量深穴中冒出溫泉、霧氣氤氳，山裡縷縷白煙、茫茫一片。一邊是花俏繁華的溫柔富貴鄉，一邊又是宗教聖地，還有一方是人生最後的歸處——陽明山第一公墓。

國小六年級時的元宵節，我跟一票同學拿著火把去公墓探險，走到一墳前，看見碑上有離世者的照片，一副棺木可能是被地震震出一角。初時心裡是淡定的，直到看清墳前照片是位短髮面容清秀的年輕少女，而她只來過這世間十七年就離開了，我心霎時迷惘。

儘管那時的我只有十二歲，我與她的間隔卻是生與死、肉身與靈魂，那個瞬間，我陷入一種對生命的思索，猶如黑夜中的星星，想著：人最終去哪了？無人知曉。

長亭外、古墓邊，謝謝「祢」護送我離開

有一次又單獨去探險，我真不知怎麼的就走到陽明山第一公墓，

然後看到每個墓園都有蔣介石、于右任等人物寫的匾牌。我想，埋在這的，生前地位應該都不是尋常人吧。

走著走著，越走越往墓園深處，我竟在墓園裡繞不出來，怎麼走都走回到原地，像是進入一個奇門布陣裡。那個年紀的我，人小心膽大，只是單純覺得迷路了，完全沒有恐懼感，索性就不走了，閒適地觀望四周風景，看著山下與天空，還突發奇想地打起一套五步拳，妙的是，這拳怎麼打在一座墓地前。那塊墓地，看起來像是多年無人護守、無人管理，墳前雜草叢生，當下覺得也許是身處另一個時空中的朋友希望我幫他整理一下、清除荒草吧！

因爲一時也走不出去，我乾脆就把這墳上的雜草整理乾淨，瞧瞧整理後的墓地，我還頗滿意自己的勞作呢。又跟虛空中的朋友說說話後，我覺得自己該離開了，走時再回頭看「他」一眼，那一瞬間，似是彼此的相望。

風挾著大屯山荒煙的硫磺味，我們，靜默、無聲地回應，相視而笑。

接著，很順利的就走出墓園。我想，是這裡太久無人到訪，靈魂有意讓我多留一會兒，幫「他」整理居所吧，也許也是「他」想幫我走出，但又想留我一會兒吧。

少年時代，是我們人生關鍵的一部分，這些經歷也都影響了我日後看世界的方式。

又回到幽雅路，把神明、萬物當好朋友

歲月悠悠，我已成長，常常尋山找地方練拳，走著走著又回到國中時的幽雅路，這裡原本是無路可再前行的，不知何時已開通了抵達山頂的道路。而北投的寺廟特別多，在這山頭就有座天寶聖道宮，廟門面朝關渡平原，遠眺眾家煙火，平常罕見人跡。

大學畢業後，我常會在清晨從家裡泡壺茶，放在保溫瓶裡，再帶著早餐騎摩托車上山。左邊是主廟，寺裡的人都聚在那，中間大空地上有塊大立牌，刻著巨大雕工精細的一條龍。位在右邊的廟，就是我練拳之處，將摩托車停好後，往右和三尊大神一起俯瞰人間。

那座廟埕，是我練拳法的場域，冬天我會在旁邊空地先小跑步

暖身，鬆活一下筋骨再繼續練拳。通常以五趟爲主，前三趟打得比較隨意，第四趟則身體已熱活起來，最後一趟往往打得最順心、順意，自己很滿意的完成一日早課。

我維持如此自律練拳的模式好多年，與那裡的神佛長時間見面，也漸漸成爲如莫逆之交。每來到這，就會向祂們請安問好：祢今天快樂嗎？最近身體怎麼樣？我今天拳打得如何？祝福祢天天幸福啊！

萬物皆有靈，晨採山間林氣、午觸人間百味

有時，在打拳過程中，天空會突然飄下殞落的小蜻蜓，或是地上躺著離世的小鳥，這時我會一如過往的習慣，跟牠們說聲：「一切都過去了，不要留戀在這世間，來世有緣我們再做朋友。」繼而順手找個地方埋了牠們。

而有段經歷滿特別，往往在每日早晨八點半左右，會有一隻像蜜蜂，又不像蜜蜂的蜜蜂，飛在我的頭上巡看。起初我有點戒備，但又感覺不到殺氣，也就沒有太注意，後來我慢慢有點懂牠的意思了，感覺牠已經是有些年紀的老管家，是這裡的主事者。

更多的時候，我覺得在幻化之間，夏季之月，腐草爲螢，小草的靈魂也注入在這蜜蜂身體中，讓短暫的生命連接永恆的時空，繼續守護這個地方，像是神的侍者化現，看看來者何人？一人、一蜂，彼此慢慢熟悉，竟有種街坊鄰居般的親切。

而在身體活動過後，我會想放空休息，這時，我要不是俯瞰山下人間，就是在眺望遠處搖曳的竹林，或看看早晨碎玉般的光，在松樹針葉縫隙中透漏灑下，形成斑斑帶綠的日花，及那隨著季節變化由綠轉黃，被一陣秋風簌簌掃落的葉子。

後來認識廟裡一位越南籍的工作人員，她說：「這裡空氣很好，就是冬天太冷，受不了。」

整座山頭都隸屬這座廟，廟旁一大片空地上置放很多木材，他們仍保留用柴火燒煮食飲的習慣。有一次還看見一隻貓溜進廚房，嘴裡叼著一個狀似白蘿蔔的東西跑了出來。

我每天早上先來山上修練，下午則進入臺北市的車水馬龍裡追跑課程，既在山上感受安靜樸素的生活方式，也在城市展開追逐風月的節奏。

在大和溫泉鄉、千年古刹前，打一套拳法

時間快轉、換個場景。

七世紀的日本，史稱「飛鳥時代」，是日本重要文化、社會和政治交流醞釀的時期，此時，受隋、唐文化的影響，佛教傳入日本。大和王權產生變化，天皇體制正式成形。

有年冬天，我到日本的一個溫泉小鎮有馬旅行，那裡的氛圍跟北投很微妙地相似，它有著超過一千年以上的溫泉歷史，而有溫泉的地方就如雨、如霧、如風、如詩，我來到這裡享受冬日泡湯，也領略這古意滿溢的人文風景。

旅途中，我看著當地地圖，地圖上靠近北邊的一個地標吸引了我。彼時天空正下著毛毛細雨，我仍循著沿路標示，穿街走巷的來到一道陡長的階梯前，向前仰望，空氣清靈，再環顧四周，一個明顯的標示牌上記載著這裡屬於這一方神社的起源。

原來這裡有著一座一千四百多年的歷史古刹，正殿肯定就在那層層階梯上，坐落於山嵐飄渺間。

我踏上層層石階，四周古樹高聳，兩旁石燈有序的排列，穿過古樸的青石鳥居後，來到神的居所。順著指示，我行禮如儀尊敬的參拜，再看看四周遊客稀少，下山後不禁有個念頭：明天一早來打拳。

我似那指揮十方軍馬的大將軍

隔天，我起了個大早，清晨四點半就小跑步出發，當時的心情就像回到學生時期曾經風雨無阻的晨操訓練。我帶上前一天從山下買好的小柑橘和麻糬，一個人再次拾階而上，一步步踏過陡峭的階梯來到神社前。

此時，天空還未透亮，晨光熹微、天色仍暗，我就摸黑將供品擺上，虔誠合掌，心裡默唸：我要來這打套拳，希望祢喜歡。

神社主殿前有一方平臺，我走上平臺，調整好呼吸，起勢一出，突然覺得自己像位大將軍在指揮十方軍馬，自然組合打出一套自己沒有編過的太極拳法，氣場旋轉，這就是我供養天地萬物的方式。

在螺旋的氣場中，我與四周空氣交融爲一體，意念通天，就算是在冬日冷冽的清晨，打著打著渾身都暖和起來。但就在快打完時，應該熱氣十足的手指，末稍卻突然感覺溫度凍冷，那是驟降，不是慢慢下探低溫，是一瞬間像從四度降到零下十度，沒有中間溫度的過度。我正莫名爲何瞬間極冷時，下了平臺樓梯，眼前的空中飄著點點白雪，我伸出手掌，任雪花落在指尖，化爲晶瑩水珠。那一刻，我仰頭望天，天色漸白，看著神社樓門，再低頭凝望指尖雪花，彷彿是山神對我的回應，讓我感到備受加持，那是神落下的祝福。

下山前，我回眸凝視著檯前的供奉，太極螺旋的氣流彷若仍在四周流轉，氣場裡的螺旋密碼，也像是還在彼此回放的咒語。我突然想，千年前，自己是否也是參與其中的僧侶，一起梵唄？

一念動而天地知。

06

那些年 師承後，我傳承

奇妙的魔力讓我在練習過程中，
身不由己地進入玄虛；
彷彿進到深山，
聽到遠處傳來暮鼓晨鐘，
在長久的沉寂與蟄伏後，
連結一段自己能和自己對話的話語，
從而更親近自己。

武林秘笈
三個字
練練練

我過去所接受的正規武術，都是走套路嚴格練習出來的。傳統武術的套路是一招一式形體動作的模仿，其根本特性離不開「拳」，每一個動作都有深藏的攻防技擊含意。後來專攻太極拳這拳種，特別是陳式太極拳，更是強調螺旋，我雖然從各家太極拳去找螺旋，但沒那麼深切，只是套路上的變化。

直到追隨熊衛老師後，才識得太極裡螺旋能量是柳暗花明又一村。

熊衛老師，沉默的螺旋魔力

兵馬倥傯間，熊衛老師隨部隊來臺。自幼身體本然羸弱的他生了一場大病，被移到斗六的陸軍醫院靜養調理；萬念俱灰間，讀到楊家太極名師李壽錢的《武當嫡系太極拳術》，書中寫著「太極拳是一種依靠自己力量來治病的拳術」，這句話點燃他靠自己強健起來的希望。在面對著日漸惡化的孱弱身體，與其被動等待醫治，不如自強，遂萌發練太極拳的念頭，讓身體以最接近地氣的方式來調養生息。彼時的太極拳拳師或具代表性的老師，都聚集於地窄人稠的臺灣，熊衛老師得地利之便，遂求教各家老師鑽研各家武術，奠下深厚的太極拳基礎。

而後熊衛老師更將自己的創意融入到動作中，根據他的理解和天賦，自我探索，反覆練習，他與入室弟子們切磋改進。在既有的太極拳架上，他淬取了旋轉的動作，手上的是「旋腕轉臂」，身軀則是「旋腰轉脊」，腳上形成「旋踝轉胯」，太極導引於焉成形，最後自成一家。

初次看到熊衛老師的動作，其實是看不懂的，也不管這是什麼太極，反正先跟著做。那時二十六歲的我，就是盡量跟隨著，不下任何結論；繼而再找更早期跟隨熊老師的前輩，看他們打的太極拳法，從中找出演變的過程，明白了哪一個太極導引的動作是太極拳法套路中的哪一個動作，越探索越清晰；終於練到任何一個導引動作都包含整個拳法的螺旋概念，越修練越精密。

如臨摹書法的各家帖子般 做中會意並落實

在纏繞的過程中，會強烈感受到一種特殊的氣場無法言傳地吸引著我，沒有套路也不是傳統武術，幾乎都是在原地，不斷臨摹熊衛老師的動作。然後從頭到尾，老先生都是閉目垂瞼，僅留一絲眼線，淡定自若。

我當時也一直觀察熊衛老師的神奇表情，心想怎麼有人的嘴角是連到眼角?後來才知道那是歲月刻畫的皺紋，妙的是嘴角竟然是往上揚的，而非往下;一般練武之人少見這種神情，我在一旁觀看他如此沉醉其中，暗自嘖嘖讚嘆這實在是種奇相呀，後來有機會看到老師年輕時演練陳式小架的影片，赫然發現他的表情會隨著時間而有所演變。

他的課堂上並沒有所謂的熱身，而是直接跟他做，模仿他的動作，跟隨的過程中，熊衛老師幾乎一語不發，全部學員就是跟著做動作，一眼看去，同學們似乎是各做各的，眞的是一個太極、各自表述。我如臨摹書法的各家帖子般，得設法理解他每個動作的變化。

有次上課時，熊衛老師突然做了個蹲下去的姿勢，所有人以爲是一個新動作，大家動作一致，都跟著蹲下去。後來才明白這招叫做「手錶掉在地上，蹲下去撿起來!」根本是元宵猜燈謎呀。經過長時間的跟隨，追隨那朦朧抽象、螺旋旋繞，我似乎找到了頭緒。「用擰毛巾的概念緊繃關節筋絡，延伸身體剝繭抽絲，摶氣凝聚如團，順騰著筋膜再到導氣入骨易髓。」這些詞彙所傳達的意涵難一語道盡，卻能在身體力行中具體落實。

每次上課時，教室明明是滿屋人卻靜到彷彿四下無人，讓我邊做動作邊忍不住自言自語，就像是日劇《孤獨的美食家》常常喃喃自語的OS：老先生怎麼能自己旋到嘴角連到眼角；隔壁那位老兄感覺要自己自發動功了，千萬不要啊，你爽到你自己，我可是會被嚇到啊……

我逐漸在動作中越來越進入自己的世界，常常口誦唐詩：

清晨入古寺，
初日照高林。
曲徑通幽處，
禪房花木深。

那螺旋就像是洗衣機的離心力

這螺旋的能量彷若源自遠古寧靜的力量，穿透空間的壁壘，我的身體竟變得更加鬆弛。飆出皮裡膚底、經脈細胞深層的汗水，蔓延在腳下方圓十里處，是毛巾式的擰轉讓氣血相通相融。

那螺旋就像是洗衣機的離心力，如脫水功能般毫不遲疑地徹底甩開濁氣，噴灑四方。之後，通體舒暢，感覺不到負擔，體內空鬆如風箱鼓動，讓呼吸帶動身體，誠如熊老師所說的「鬆到裡、鬆到底、鬆到透」。

整個過程裡，身體太極的圓相當立體，空間的流動有氣、有血、有肉，有溫度、有氣息。就像庖丁解牛，以無厚入有間，自己走入自己的內心世界與身體內在，成爲一位探索者。彳亍那曲徑，遊歷內心深處風景，那麼獨一無二，又如此無與倫比。

練習時，常常就在我整個人進入自己的世界時，全場鴉雀無聲。唯一打斷這份寂靜的是下午四點左右，外面有人開著一臺老式咯噔咯噔的小貨車，沿路播放著修理玻璃、紗窗、紗門的廣播，聲音慢慢地靠近又慢慢地遠離，劃破了整個下午的寧靜。

磅礡氣勢，抒情韻致，毫無違和

我跟隨熊衛老師練習時，他已經是一位知名大師，徒子徒孫遍布據說有十萬人之多，最特別、最知名的當然就是林懷民老師以太極導引發想的《水月》等舞劇。

兩位大師相遇相知，成就彼此，讓雲門舞集作品更上一層樓，也對太極導引躍上藝術舞臺產生推波助瀾之效。

由於我是本科畢業，對武術和身體發展有更深入的理解，與那些單純來學動作的人不太一樣。熊衛老師所教的內容從頭到尾就是螺旋的概念。他非常注重讓我們找到自己身體的「螺旋」動力，而不僅僅是生搬硬套。每堂課都像在讓學員們體會挖掘自我，探索自己的身體和武術之間的關聯。

那時的我，只是一個剛從大學畢業的學生，既不會說話，也不懂與人建立關係，只是單純地跟著熊衛老師練習。他去哪裡授課，我就找機會跟去貼著練。聽課時則是三緘吾口，從不敢主動提問，一切都在默默中觀察、自習。

偶爾我也會被熊衛老師點名示範動作，即便如此，對拜師這件事情我從未想過。

熊衛老師是罕見的奇才，熟稔古籍與文化傳統，散發出磅礡氣勢，卻有抒情韻致，渾然融爲一體，毫無違和。在循規蹈矩中，他卻能既依循傳統又創新氣象。看似隨心所欲略爲「逾矩」，卻仍是在規矩下，自然呈現惟變所適之，天湊地合下的巧妙安排。與衆不同地在現實生活裡，揮灑出獨特的東西，以豐富內心世界。

迄今，我體認到身體的每個部分都有其節奏與結構，並且彼此相互連接，東方哲學所說的「氣」的流動，是一種量子層面的相互影響，而非西方科學一味的切割分析。

在這樣的背景下，當我練習武術時，逐漸體會到身體中螺旋式的能量流動，並非簡單的力道，而是透過緩慢的動作、結構的調整來銜接周身，我跟隨的老師很多，曾經有一位性格迥異於常人的老師，他探索到的太極也是獨到，花了整整兩年時間練習，就單單一個手臂懸提上來到鬆沉下去的起勢動作，練到可以足足花二十到二十五分鐘。那時，才感受到原來身體確實有一種自然的氣場，能量的流動帶動了身體活動的路徑，這是眞正做到後的理解，很有益於往後的教學。

練武多年，特別是跟隨熊老師學習後，這股流動的螺旋能量才更爲清晰。熊老師的練法與過去學校的訓練截然不同，讓我能夠更深入地感知身體內的能量變化。這種螺旋式的流動彷彿讓氣息從腳跟升起，充滿整個身體，感受非常深刻，但也需要時間來醞釀和領悟。

拜師，慎重、嚴肅、眞誠

有一天練習時，我發現自己與熊老師的動作達到了完全同步，應該就是已經領悟了他如何運用身體的轉折迭宕、延伸開合的路徑，明白了熊老師的整個脈絡，誠於中而形於外。

我在熊衛老師的潛移默化裡，感受到他那難以言喻的偉岸，獲得意想不到的寶藏。

接著我突然接到一位師兄的來電，這通電話，促使我與熊衛老師的師生關係更進一步。

師兄告訴我：「熊衛老師特別欽點，交待你要去向他拜師。」當下我很興奮，也掩不住得意地認爲熊老師眼光果然獨具慧眼。

終於，來到拜師的這天。

我以很慎重、嚴肅、眞誠的態度迎接。當天，我特別穿著傳統黑色唐服到老師家，結果一到現場，發現大家怎麼都穿著現代服裝？這不是要進行古禮儀式嗎？我覺得只有自己的服裝是融入主題的，傳說拜師儀式源起於周禮，雖是老派但穿越到當代就顯得特別酷，現場觀禮者有長輩級等一衆，由司儀開啓儀式。

一、先團拜上香拜祭祖師。
二、師父向祖師爺上香。
三、師父、師母落座，司儀引導學生向師父行三跪九叩大禮。
四、學生雙手奉上拜師帖，師父接拜師帖。
五、敬獻拜師茶，師父接拜師茶。
六、再獻上拜師禮，師父接拜師禮。

依序完成莊重的拜師禮之際，熊衛老師言之諄諄地鼓勵弟子，而我與熊衛老師則正式承認彼此的師徒關係。

吸星大法　巨大的能量

師徒關係一旦建立，就是綿延一輩子的緣分。

師「傳」徒「承」，故稱爲「傳承」，起初並沒有太大的感覺，但拜師大禮後，自己有很大的領悟，程門立雪，系出名門。

通俗地講，就是「正規」入門後，更能名正言順、堅定踏實的去執行太極的推廣，衣缽相授。

之前，我跟熊老師的互動一直很拘謹、緊張、嚴肅。對他的崇敬讓我不敢跟他說話，好處是我反而能在一旁靜觀自得。

經過正式的拜師儀式，向熊衛老師行九叩九拜傳統禮數，對我來說意義相當重大。那些年間，我一邊教學，一邊非常緊密地跟隨熊衛老師，每天都在實踐與探索。

之後，我忙著念研究所，又往返上海學習，就較少去熊老師那兒。彼時的上海正值火熱改革，一切都十倍數變遷，譬如才去吃過的某家餐館，可能幾夜間化爲烏有，整條街的房子都拆掉，未幾則簇新高樓平地起，北京亦復如此。我眼看著當地日新月異的變化，臺北則是安步當車，在這兩種一快一緩的節奏裡，取得相當的平衡。

有一天我特地趕去探訪許久未見的熊衛老師，一看到老師，我絲毫掩不住興奮地猛對老師說呀說的，像「我最近考上研究所，還有去比了很棒的比賽拿到超級好的成績，又到上海武術院練習武術……」他微微一笑，淡淡地跟我說：「你現在會說話啦，怎麼像個小滑頭一樣？」我愣住三秒，氣氛有點僵住。不過，熊衛老師又悠悠地說：「但，我還是個老狐狸。」一句話，讓我們師徒倆笑成了一團。

記得熊衛老師說過一句話：「我用太極的吸星大法把大家聚起來了。」

這個吸星大法一直在我腦海裡縈繞不解。多年後，我也才明白熊衛老師說的「吸星大法」是什麼意思，也終於通透熊衛老師到達的能量是何等巨大。

對這吸星大法，我如是解讀：太極導引是越練越無法停止的身心決志，你會持續想要往前跑去；而我們學生心底總會惦記著熊衛老師那海內外孤本的教導，他果然有吸星的魅力。

確實，在我長期教授太極以來，學生們也一直跟隨著我。

太極導引的吸星大法，始於熊衛老師的教學心法，使大家的能量凝聚之氣，如《易經》萃卦的「方以類聚 物以群分」；我融會精髓，也有幸將之內化爲自己所有，並不遺餘力地貫徹在教學之中，只希望每次學生來上課都能慶幸而來、慶幸而去。

多年後，我憬悟到，生命就是一種能量，它不是侵略性的巧取豪奪，而是時刻都在調整周圍的一切事物，此消彼長、陰陽交融、生息不止，能讓自己的節奏與頻率水乳交融，然後順乎自然，萬物合一，而成爲眞正的自己。

07

那些年　在上海武術院的堅持

美國，是許多人的夢想之地。
一段美國旅程，
卻讓我確定自己並不適合在那兒生活並尋求發展。
最後點醒我的是：
穿越時空而來的那道指令——「教太極」，
瞬間點亮我原本還渾沌、灰濛、迷茫之心。
奔往目眩神迷的十里洋場之後，
更知太極是我此生的天命。

大學畢業後，我有點迷惘，同學大多去當體育老師。但我不想被限制住，覺得自己還不夠成熟。如果我選擇去社會大學，看到的應該會是人生百態，那裡有形形色色的人，從事不同的工作，讓我得以一窺各類職場的樣貌。雖然本質上都在教導人，但我相信與不同的人相處，會帶給我不同的啓發。

彼時，我還沒想過要走教學這條路。思考著難道擅長武術就只能教武術，還有沒有其他可能性？

迷惘的美國浪行

美國待了半年，先落地芝加哥，又去了密西根，五大湖區之一，宛如大海的湖泊巨大地一望無垠，我的未來似乎也找不到可停泊的邊際。之後，還是隻身旅行，遊走美國各州，沒打算學習什麼。當時有同學負笈美國進入體育相關研究所課程，而我則選擇先自我放飛，不走大家既定的學術道路。心裡明白一旦開始讀書，就代表著要回學校，我暫時不想被侷限，就這樣漫無目的地遊歷美國。一天，彷彿天靈蓋驟然被打開般，一個聲音告訴我：「教太極。」彷如天啓般，邁向教太極之路；每遇困阻，眼看要絕路時，又有青劍斬棘，闢出新徑。

自美返臺，我靜心思考著自己的各項優缺點，太極是學校必修課，尤其中國武術是我的專業，但學校上課是一回事，在各項精進裡要更深入其精隨，就修行在個人了。

而我自幼家學跟著父親練的是楊式太極，在文化大學國術系求學時師承家學淵源、文武全才的張敦熙老師，修習的也是楊式太極。同時在民間找老師學習太極。

二十六歲時，我先追隨熊衛老師學習陳式太極導引，繼而去了上海。前後十年，我往返於臺北、上海兩地，就是爲了在上海武術院進修武術。

陳俊彥老師，亦師亦忘年之交

從一八四二年清朝政府與英國簽訂《南京條約》開放五口通商，促進了上海不可思議的發展。此後百年間，海派文化通過開埠名震海內外，經濟騰飛，加上尚武政策，當時武術名家絡繹於上海灘，十里洋場成爲各大門派必爭之地。

百餘年後的二〇〇四年，透過武術院洪傳芳院長的推薦，跟著陳俊彥老師學習。陳老師是一九五八年首批上海集訓隊成隊十二人當中，年紀最輕的隊員。和陳老師相遇恰是他甫從武術院退休的那年。

首次會見陳老師，約在洪院長辦公室，我先到等待。陳老師一進來，見他身形不高，戴一副眼鏡，相貌斯文，我心想：「這麼文氣，會打拳嗎？」

日後相處，方知陳老師的功夫厲害得很。招式乾淨簡潔，卻又很黏稠連綿，打起來尤其雅，融合了武術的拳掌與文人的氣質，頗有深蘊。他的武術涵養寬闊厚重兼具，表述卻樸素不浮誇。

陳老師說因爲自己的個頭不高，比賽比較吃虧；遇到北方來的選手個頭都很高壯，他在場上的氣勢就相對不夠強大。他還說曾經跟俄羅斯人推手過，彼此的身材條件更是懸殊。我一直追問陳老師那後來呢？本以爲他會把自己說得天花亂墜，他卻輕描淡寫地說，最後當然是輸了。

霍元甲精武門VS夜上海百樂門

初到武術院練武的那年，原本夏天就濕悶的上海，特別燠熱。

位於南京西路的五九五號老式木造建築，門邊有一間賣小包子的小店家，我每回都買兩個包子、一杯豆漿先墊底。入門後右手邊捱著一家餐廳的後廚房，無論四季變化，一拐進路口屋頂總是冒著白煙，順著木梯後登上二樓，右邊是練武處，左邊隔了一個樓梯口，則是上海市民跳國標舞的場域，兩處無門相隔，僅用兩塊偌大外黑內紅的絨布遮著。我專注於練拳，對一布之隔的神祕面紗保持敬而遠之，不敢掀開布簾探個究竟，彷彿彼岸是東方魔都十里洋場的百樂門，我身處的此岸則是霍元甲的精武門。

武術院修練之處極素簡，教室天花板上旋幾盞吊扇、一面鏡子、一個供拉筋和遛腿的肋木、堆疊的深綠色墊子及三根大柱子。大白天裡，有時正當我練得沸騰時，隔壁驟然傳來夜上海風情的酣熱茶舞，根本是一個上海兩個世界。

每到上海，我總帶著臺灣烏龍茶送給陳老師，卻見他每次都泡碧螺春，我跟著喝。有一次，我實在忍不住問：「老師，您到底喜不喜歡烏龍茶？」老師嘴角微微一牽地回說：「喜歡，非常喜歡。」我在臺北練陳式太極拳，來上海繼續和陳老師學陳式太極、吳式太極拳。陳老師本身就是一部上海武術近代史。

從顧留馨老師邀請陳式第十代傳人陳照奎到上海體育宮，展開當地陳式太極之路；初時只針對內部傳授，一九六三年才對外招生，陳式太極拳才眞正納入上海的武術文化，成爲其中一頁。而吳式太極拳則起於創始人吳全幼之子吳鑑泉，他在一九二八年受上海精武體育會和國術館聘爲教授，於是舉家遷居上海傳授吳式太極拳，可說是把太極拳傳過長江以南的第一人。陳老師的楊式太極拳老師則爲此式的第四代傳人傅鐘文，說他的每套拳法背後都有一位大師的身影，並未托大。

陳老師擅長化繁爲簡，爲我解讀了太極拳種種枝枝節節、似是而非的緣由，因而有了一個非常清晰的全豹；同時給我一些珍貴的研究史料，建立我在太極學理之路的理論基礎。

這段學習歷程，不僅在肢體上產生脫胎換骨的蛻變，思想觀念更加成熟豐闊。從宏觀的大動作到微觀的小細節，從具象的拳法到抽象的意念，從客觀的歷史整體到主觀的個人風格，皆獲得全面顯著提升，將我那稚嫩的武學功底提升一層樓。

師徒倆幾乎都是一對一的授受，偶有他人短暫加入，最早是一位派駐上海的俄羅斯官員，操著標準普通話，來和陳老師練形意拳，我也跟著練。假日則是一群當地老上海人來一起練，他們儂來儂去地用上海話交談，我是鴨子聽雷，竟也能完全融入這個團體。

翻天覆地的變化間 篤定走著太極路

通常，陳老師一來，在親自帶著我打幾回後，往往立刻全身汗流浹背。有一天，練罷，陳老師直接說：「明天我不來了。」我當場愣住，腦子裡浮出好幾種負面念頭，像是：該不會要漲學費？正當以為兩人是否要拔劍對招了？很吃力地問他：「為什麼？」陳老師竟泰然直率地說：「天實在太熱了，不想來！」

「啊，就這個原因？」

「對啊，你看我滿身汗，受不了啦。」老師不廢話回我，原因就這麼簡單，高手果然是直接明示。這事件讓我明白，遇事直問直說直答，不必繞圈轉彎瞎猜疑。

相處久了，陳老師關心起我在臺北上課狀況，耳提面命我要多拿一些證照多參加比賽，也幫我留意可以參加的賽事。

二〇一〇年國際武術博覽會就在陳老師引領下，帶著我參賽。賽前他囑咐我一旁先熱身練習打一會兒，我竟然放空完全忘了招；但正式上場比賽時，我登場就人來瘋，氣勢逼人。

事後陳老師說他看我在練習時就忘招，他那時心想不妙，可能一上場就遭淘汰，但看我在臺上一開打，整個人就變成另外一種狀態，他也爲之驚訝。陳老師非常滿意我拿到第一名，爲我教學資歷添上一筆濃彩。

有一年過農曆年，我特別留下來想感受上海過年的氣氛，陳老師熱情地邀我到他家裡和師母一起過年、吃年夜飯，還開了一瓶一九九六年份的紅酒，迄今我猶記得那滋味。這個邀請，讓我初次體會到老派上海人過年與居家打理得井井有條，樸素而雅致，頓時有種「回家了」的感覺，整個心間暖呼呼的。

十年間的來來去去，每當我在臺北教太極，遇上對未來的不確定、徬徨無措或是疲乏的時刻，就飛往上海找陳老師練練拳，看看那座城市的變化，好像一切就篤定起來。

當時上海正處在翻天覆地的變化階段，連洗頭小妹都曾滿懷自信對我說：「我們這個城市正在以光纖的速度進步發展。」我住處小區的隔壁大媽、阿姨們個個都在揪團買樓，在這個城市中的拆遷改建速度正勢若燎原，如火如荼進行著。我來此處修習傳統武術，卻接上時代給這個地方不可擋的氣勢、經濟發展勢頭暴起的能量，內心的哈姆雷特出現了，懷疑起自己非主流的方向對嗎？

幸好唐吉訶德出現，戰勝哈姆雷特，我走自己的路。

剛練完拳的隔日，我從武術院走進附屬的武術道具服裝小賣部，店員正在打盹，睡眼惺忪地抬起頭，她是一位剛下崗、二度就業的阿姨，她打個哈欠對我說：「慢慢看！」

我跟阿姨說：「我從臺北來，跟陳俊彥老師學武術。」

阿姨帶著吳儂軟語的剛睡醒語調說：「陳俊彥老師是我們武術院裡最好的老師！好好練呀！堅持，堅持！」這連兩聲「軟綿綿」的「堅持」，當場震懾了我，如排山倒海般的力道，一掃我的躊躇。日後在上海待久方知，「堅持」這兩個字，是當地人的慣用語。但在那時間點、那個情境，一個陌生人用了尋常毫無力道的聲調，卻給了我莫大的力量。這正在拚經濟的城市，我依然獨穿萬重山不放棄。我相信一切美好的事物都是曲徑通幽地靠近自己。

武術的第一次實戰經驗

二〇〇五年的夏天，我剛從人民廣場站出來，有一路段正準備拆遷，我只好繞道而行。當時，周圍沒有什麼人，行進間，彷彿多了幾組細碎的腳步聲，感覺身後彷彿有人在拉著我的背包，我用眼角瞥見太陽斜映的地上有條黑影如影隨形。

心中頓時拉起警報，迅速移動腳步，本能地隨即一手抓緊肩側，疾速迴旋轉身，飛腿一蹬，手肘跟著架出一拐子，同時身體往後一躍，拉開距離好做防禦，穩定紮馬擺出架式，這才發現平視的眼前一空，但地上卻倒著一人。餘光還可掃見兩側各有一人，看來他們是一夥的，只是拉開陣距便於相互照應行動。但見兩側的那兩人一聲不響，彷若無事地慢慢往後退去，而倒地那人也假裝若無其事地緩緩起身，好似他只是不小心跌了個跤，什麼事都沒發生般拍拍屁股離去，留下一臉愕然的我獨自站在原地，架式依舊，卻沒人了。

一位大爺目睹了剛才的一切，走過來豎起大拇指，用讚嘆的口吻說句：「小伙子，功夫好哇！」我其實嚇死了，生平從沒有遇到過，過度緊張，因此才會爆發力驚人。我得去找個公廁沖一把臉，緩和自己的心情。

那時上海公廁是要付費的，一次五毛錢，門口的管理員會給你幾張衛生紙。有一間正好座落在往返武術院的必經之路，我跟門口的大媽聊起剛才發生的事情，大媽處變不驚地說：「沒事沒事，今天大媽招待！不收你五毛錢。」順手給了我一疊衛生紙。我有點懵，明知大媽是用她的方式讓我寬心，但第一次聽到「招待」是免費上廁所，覺得未免太逗趣了。

到武術院後，和陳老師提起路上遇到的事，他聽罷，認眞地提醒我要小心，因爲上海最近有許多來自外地的扒手，都是三人一組的配合，見機行事，就算有旁人看到了也不會插手相助。原來我遇到的是扒手不是搶劫，我當下以性命相搏的英勇架式，全是因爲以爲遇到搶劫緊張而腎上腺素大爆發。

返回臺北與練武同好聊及此事，同好反倒羨慕地說：「你怎麼運氣這麼好，我練武練了一輩子，也沒遇到一次歹徒！」別吧，再怎麼厲害的老拳師也怕菜刀呀。

一腳踩進集結南北文化精華的福州路

武術院位於上海南京西路五九五弄，每次練完拳後，習慣徒步沿路走到人民公園，再穿過一片綠色植栽，橫過馬路到對面的福州路，這條路就像是臺北的重慶南路一樣，是一條書街。

特別喜歡這條街，日後才曉得自己是誤打誤撞地走進文化出版重鎮。來到這我彷彿開了眼界，看到大江南北的書籍都在這條路上，各類書店鱗次櫛比，我一路猛買，從手拿肩背，到直接拉行李箱來裝；這一箱箱的書籍，從上海運回北投的小書齋，夜晚讀著、整理著那天買的書本，寫上日期和書店名，再蓋上自己的印章，彷彿與書的作者促膝長談。

在往後漫長的教課過程中，這些讀過的書也成爲我能引經據典的脈絡，潛移默化了自己，不再口拙舌慢。

雖然我很早就開始教課，但眞正開始找到屬於自己的風格和方向，是在我去上海之後。那段時期讓我有了新的體悟，覺得自己終於在武術上有了點「開竅」的感覺，讓我內心的格局好像打開了。熊衛老師乃至於諸位老師帶給我的知識和武術的歷史背景，逐漸與我所處的時代產生了共鳴。多年來，我一直學習、教學，但突然意識到，未來很難再遇到另一位能開啓我新視野的老師。

因爲已經領略了這些技巧的歷史意涵，當時的我意識到自己不再需要追求那些外在的套路，而是要找到太極的眞正內涵。對我來說，太極是一種能量的運動，這能量完全來自於自我身體的引導。與年少時一味追求技法不同，現在的我不再尋求招式，而是專注於如何將身體的「螺旋」發揮到極致。

08

這些年 太極隨處都在

宇宙大爆炸，
瞬時產生了陰陽兩極分化，
然後陰陽二氣以立體螺旋運動的形式，
流動、變動不斷衍生出宇宙中的萬事萬物。

因爲是圖像的關係，太極圖看起來是一張靜止的平面圖，靜態的畫面。我們用三維空間去看，將黑白魚的方向調整，一個垂直、一個水平立體起來，再流動，就是動態、旋轉的狀態，再加上裡面兩顆小黑白球上下流動，就呈漩渦狀交扭在一起，是一種螺旋運動，宇宙的內涵也就被揭示了。

漩吧！螺旋密碼無所不在

側看成波，由上往下俯瞰是圓，當把兩條黑白魚一橫一豎立體起來，就是立體螺旋。

而我們看浩瀚的銀河系星雲，處處是漩渦運動，月球繞著地球旋轉、太陽及上千億顆亙古繁星環繞銀河系中心旋轉，皆是遙遠宇宙的神祕奇觀，在銀河系第三旋臂邊緣一顆藍色行星——我們的家園地球，也是圍繞著太陽在旋轉，伏羲女媧神像是人面蛇身的纏繞，DNA也是螺旋纏繞。再看小到原子、中子、電子，也都是以螺旋方式運動。

地球上的動植物輪廓線條都是圓的，不見方的，像那龍捲風、水漩渦、泥沙漩渦、颱風、火山口、蝸牛、牡蠣、海螺、樹輪、花與枝葉等。梵谷的名作〈向日葵〉，還有〈星夜〉等，在藝術家的眼中，是呈螺旋狀態的。

在人體表面，如手指紋、腳掌紋、頭髮旋、毛孔的排列順序、頭髮的分布規律、內耳等都是呈螺旋狀，人的眼睛虹膜也是一環套一環的結構。人體裡，血液在血管中的流動是螺旋狀的氣，經絡也是呈螺旋運行，氣的螺旋行走，決定了血的螺旋走向，所謂「氣行則血行，氣滯則血瘀」。

宇宙的漩渦運動、自然的漩渦運動、人的漩渦運動、《易經》裡的陰陽，都代表了原始螺旋的相互連接，就在我們身體的能量中心——丹田，運氣卽是把全身力氣集中於腹部的下丹田之意。所以，古書上經常會說氣運丹田。

人類的五官，做爲有限的探測器所探測出來的感官世界，便是我們認識的這個物質世界，但又限制了我們對這個世界的認識。

就像耳朵最適宜刺激感受聲波頻率的範圍是十六～二萬赫茲，如果超過二萬赫茲就會令人不舒服，但低於十六赫茲你會聽得到心臟的吵雜聲，那是很被干擾的。所以一般人對十六赫茲以下和二萬赫茲以上的聲波，是難以聽到的。

眼睛的視覺也是相同的，不能將看到的物質部分視爲全部，如空氣無聲無息，我們卻無法沒有空氣，因此，應該還是要去感受無形卻存在的，如風、如氣場能量流動的訊息。

而在我們身體中，以螺旋方式轉成的能量，一股氣螺旋上升，一股氣螺旋下沉，著重的不是看它的形，而是感受它的氣。

在時空彎曲中的漣漪效應

二〇一五年LIGO科學合作組織（LIGO Scientific Collaboration，縮寫爲LSC）首度偵測到「重力波」，黑洞的合併過程，扭曲附近的時空放出重力波，從遙遠的宇宙空間行走了十三億光年，終於被地球人捕捉到，在二〇一六年揭櫫於世。

二〇一七年三位團隊成員獲頒諾貝爾物理獎。印證了愛因斯坦在一百年前的預言，證明了空間本身是柔軟的、是可以彎曲的，宇宙也是柔軟的、是可以彎曲的，重力波是物質和能量在劇烈運動和變化下所產生的一種波，輻射出去在時空彎曲中的漣漪效應，一疊一疊，一浪一浪綿綿不絕。

空間是柔軟的能量之傳遞，以螺旋形式輻射出去又接收回來。所以，我們身體與太極連結，將太極這個詞彙轉換成一個螺旋的能量流動，過去舊時代的美好，留給人們豐富精神，新時代的變遷拳法則已是自我修練的過程，引體導氣的太極爲主題去探索身體密碼，將此符號化入身體。

人得天地之獨厚，是經天緯地的動物，所有動物只有人是白天站著行走、晚上躺著，人是三維立體的，人是得天地之全氣，所以更容易修行，就需替天行太極之道。我們生活在一個螺旋結構裡，其實更應該具備螺旋思維，達到天地人和，與宇宙雙向奔赴的能量，這是一件很浪漫的事。

在彎曲的時空，以螺旋傳遞寄給宇宙累世的愛，與那太古宙前永劫的思念。感激我們在光錐中曾彼此重疊，那些我們曾經難忘的時光，幸好不會消失，引力仍在，都會在廣闊的時空中找到確切的坐標點。

偉大的靈魂都是雌雄同體的太極之道

古希臘哲學家柏拉圖（Plato）在其著作《會飲篇》（Symposium）

中寫出一段神話故事：人類最初是雌雄同體的生物，擁有強大的力量，漸漸威脅到奧林匹斯山上衆神的權威。於是衆神之首宙斯將他們分裂成兩半，以削弱其心智與力量。自此，人類終其一生耗盡精神體力、不顧一切地尋找迷失的另一半。而這缺失的那一半，也許是另一個個體，也許是自己另一半的性格。

所以，一個人若具備了雌雄同體的性格，那便擁有了最頂級的能量魅力。既有陽剛之氣的堅韌，又有陰柔之美的溫婉，形具超脫的氣質、迷人的魅力，亦狂亦俠亦溫文，能好文爲士，能尚武爲俠，能陰陽合其德，能剛柔合其體，既豐富又圓融，可攻可守、不卑不亢，含剛健於婀娜之內，行遒勁於婉媚之中，陰中帶陽、陽中帶陰。

就像魯迅說：「古之成大事者，必是北人南相，南人北相之人。」這南北說固然不可一概而言，但他的大意就是南方人機靈，體形普遍較小，較具書生的文弱氣質；北方人憨厚耿直，身形魁梧，性格豪爽，較具陽剛之氣，這二者剛柔特質若能互補，就能成大事。

「生當做人傑，死亦爲鬼雄。至今思項羽，不肯過江東。」寫出如此氣魄、所向無懼的人生姿態，作者竟是花中第一流的李清照，她的詞有嬌羞、有憂愁，淸麗婉約，能煮酒寫詩又能直抒豪邁眞性情，是位能放能收、敢愛敢恨的奇女子。我想也唯有這樣剛柔並濟的性格，才能寫出這樣的詩詞，卓爾不群、居首不居尾的詞家，她當之無愧。

我們尋尋覓覓的就是希望自己能夠有這樣的能量，氣質也如生物多樣性一般，既柔軟且厚重。

太極的雌雄同體，貴柔守雌找回另一半的自己，靈魂若具備這兩種能量，便能自成一個世界，能剛能柔、百毒難侵，能進能退。老子在《道德經》中「知其雄，守其雌」，天下大事分久必合、合久必分，世界不停地在運轉，太強盛了就會轉向衰弱，太衰弱了又會轉強勝，剛強也追求柔韌，示弱也是強者的一種表現。身體的僵硬需要化掉，百煉鋼化成至情至性的繞指柔，將太極這個符號畫在自己的身體裡，成就有魅力強大的靈魂能量。我們每一個人，原本都擁有著雌雄同體的能量，只不過，在來到現世的路上弄丟了一半的自己。被世俗的眼光、被社會的體制刻板化了雌雄，忘了怎麼去使用。我們窮一生不停地尋覓，試圖尋回另一半自己。

太極是一個「化學」

身體緊，就是打結，化掉了就可以度過，這個叫度劫。

心理學家佛洛伊德曾說：「未被表達的情緒永遠不會消失，它們只是被活埋了，有朝一日，會以更醜陋的方式爆發出來。」

人的脆弱和堅强都超乎了自己的想像。

所以，極少數人有足夠的理解力，認知情緒對健康的破壞，竟可以那麼毫無章法；也很少人相信合理的表達能力，可以徹底反轉無可救藥的絕境。

脆弱和堅強，其實都有極限的張力。

達官顯要、貴冑世家、尋常百姓、清貧人家，舉凡世人，生之高下，活之優劣，一輩子其實都在平生萬事中，遷就不同時刻，帶著忍隱、焦灼，或莫名悲涼、或孤獨心境過著。誰都是萬言難盡的無計可施，無力釋懷。

成年人的生活，不被允許情緒放肆，只能孤身暗巷低迴，在噴淚崩潰的時候，把哭聲調成靜音模式。不過，如果無法找到好的方式釋放轉化，藏在我們身體某些角落的黯然，會在身心底層漸次發酵，就像掘井向深，土石越堆越多，形成不好的質變，造就氣血瘀滯、瘀堵。這些沒有被好好妥善處理的堆積，久了，就會藏污納垢堵住氣血，讓身體長期處於僵硬狀態，日久不散，形成病灶。

氣血循環若變得很虛弱，想要轉化出柔軟有彈性的循環好、氣血足，就得採用疏導方式。哪裡堵住了，就去疏通哪裡。疏導和疏通的本意，就是「化鬱」、「化堵」、「化解」，以「化」為醫，找到最舒服的方式來釋放自己。一切病先是神病，如看不到的環境、思想、情緒，然後是氣病，再到血病，最後是形病，疾病都先從生命無形的部分開始出現。

戰國時期道家著作《鶡冠子》曾記述這麼一段公案：

春秋戰國魏文王問扁鵲：「你家三兄弟中，哪一位醫術最厲害呢？」扁鵲回答：「大哥的醫術最精，二哥次之，我最差。」魏文王又問：「為什麼呢？」(扁鵲是三個兄弟中名氣最大的)於是扁鵲解釋：「大哥看病是視神，在疾病尚未形成時就將其除掉了，所以他的名聲傳不出家門。」

「二哥治病，是在疾病剛萌芽時就治癒它了，所以他的名聲傳不出鄰里間。」

「而我，是通過針刺血脈、投湯藥、割皮解肌來治病，因此能聞名於諸侯間。」(註)

由上文可知，上工「治之無名，使之無形，至功之成」而無人知，可嘆啊。什麼樣的醫生才是最高明的醫生？依扁鵲之說，治病於未形前，防微杜漸的醫者，才是眞正的高明。

而在我們成長的歲月中，隨事而明，當生命遇上困頓讓人不知所措時，面對世間種種束手束腳、強加無形圭臬時，學會化解、學會化開、學會將委屈化暗爲明，撫心去找情緒的病根，我就是自己唯一的解藥，自行去化解，也和自身達成和解，自己也可以是自己的上醫。變得成熟、壯大自己，其實就是做到與自己靈魂相守在一起，以自己加持自己，把能量找回來。

透過旋轉身體的每個關節處，像揉麵糰一樣，把筋骨筋膜鬆開來，以能量流讓骨節鬆展、五臟六腑潤澤，導引出濁氣，將身體以太極的螺旋方式旋轉、延伸、平衡、放達，給自己一個迂迴的空間，絲絲入扣的深情纏轉。

只有喚醒封閉已久的荒漠，身體裡的綠洲、山巒和草木，才有新的生氣。

待身體修練出的空鬆圓活彈著點，發出高速度旋轉的纏絲勁，一疊一浪一輪回，飆出那萬丈豪情且深層次的汗水，保持自強不息的代謝，在漫長的堅持下，打破身體僵硬姿態，與精神產生高質量的相融，不著急、不跟風，讓內心鬆弛，與自己坦然處之，不為驍勇善戰，只願能將刀槍劍雨化為春風吹拂，這肉身承載著今生的責任、愛、溫暖與夢想，一定要好好善待。

註：《鶡冠子》世賢篇，龐煖曰：「王其忘乎？昔伊尹醫殷，太公醫周武王，百里醫秦，申麃醫郢，原季醫晉，范蠡醫越，管仲醫齊，而五國霸。其善一也，然道不同數。」卓襄王曰：「願聞其數。」煖曰：「王獨不聞魏文王之問扁鵲耶？曰：『子昆弟三人其孰最善為醫？』扁鵲曰：『長兄最善，中兄次之，扁鵲最為下。』魏文侯曰：『可得聞邪？』扁鵲曰：『長兄於病視神，未有形而除之，故名不出於家。中兄治病，其在毫毛，故名不出於閭。若扁鵲者，鑱血脈，投毒藥，副肌膚，閒而名出聞於諸侯。』」

可自己獨飲　可眾人共杯

而太極的修練，當一人自持？只融天地，不求他念？還是探索過招？截長補短，力圖精進？

這樣說吧！太極之品，可以動靜皆宜，也可以文武不明，力在手掌，不生風也生威，力在腳掌，挪移亦如釘槍。自由飄忽，柔而堅定。

醞釀的過程，自己練習一如獨飲，貴在自我陶醉；眾生同舞一如共杯，是一起沉醉，兩相對照，各自情願。所以，單人或百眾都能長驅直入、返璞歸眞，不同型態都能挑動生命的熱情。

鄉間窄路田埂，多只能容一個人經過。但若兩位挑著扁擔的農夫，從對立方向同踩一徑，彼此越走越近，無可避免直球對撞時，一般都會很自然的，兩人精準自動的在同一秒，一人往右一人往左，各自側身的背對背、平行越過彼此身體，然後繼續往各自的方向前進。他們不離原處，扭身轉體，相遇但不相撞，給彼此留有餘地，這就是太極的「化」，閃避行進得法，能讓彼此之間有留白，還能各自又往前走，這也是生活無所不太極，太極無所不化。

09

這些年　太極教我的事

太極拳哪裡好？名字取得好。
它一開始不叫太極拳，
從各種著作和流傳就有十餘個別名，
再慢慢由文人參與注釋，
對拳法特色加入思想、觀念，
最後形成一個響亮、富哲理、足以傳世的名稱。
從太極到太極拳、太極導引，
名與實相符合後，就此名正言順。

按時間順序來說，是先有太極這個詞，才有太極拳這拳法；先有了太極拳，才有後來的太極導引。

而「導引」這個詞，最初見於戰國中期的《莊子》，「氣功」這詞則是到晉朝才出現，這兩者之間相距了五、六百年。「導引」是引體導氣，就是呼吸和伸展的結合，《莊子》‧〈刻意〉裡說：「吹呴呼吸，吐故納新，熊經鳥申，爲壽而已矣；此導引之士，養形之人，彭祖壽考者之所好也。」

「氣功」此詞，首先見於晉朝許遜著的《靈劍子》一書，當時的「氣」指的是「氣術」；「功」指的是「功德」，而不是指「功法」，主要是強化內心修德，身體行氣血通暢，內心修德，與現在的概念有所不同。

「太極」的太，卽大，卽高，比大還要大、無限大的卽「太」；極，是古字脊的意思，指盡頭、最高境界。物極則變，變則化，所以變化是太極之源，是宇宙萬物萬象的共同基因。以最簡單的形式開始，演化成豐富多變的形態，道生一、一生二、二生三、三生萬物。

「太極拳」一名的由來，衆說紛紜。一開始不是稱作太極拳，從各種不同著作和流傳可見其別名有十餘種，是由一串不確定的名稱做不同的名字，再由文人參與注解、衍生，對拳法的特色加入思想、觀念以形成，最後才有了一個傳世、響亮、富哲理的名稱。

太極導引以簡單的身法 駕馭繁多的套路

名實相符後，就此名正言順展開雙臂，註定它不凡的一生。且在長年流傳下演變出許多流派，大部分以舒緩慢悠的形態呈現，節奏像是那古時的車馬很慢、書信很遠。但陳式太極拳的風格就明顯不同於其他家，速度是有快、有慢，相互變化，有發勁的動作，也有柔和的展現，套路中有閃、輾、騰、挪、蹦、竄、跳、躍的動作。

太極拳也由各獨領風潮的大家，帶領出不同的風潮，爲了有所理清，皆以姓氏來區分風格的不同。如：楊式、吳式、武式、孫式、陳式，武當、趙堡等多種流派，不過，不管是哪一派的太極拳，本質的特點都飽含螺旋在內的流暢，纏絲勁、抽絲勁圓的運動，而非只是平面上的弧形動作。

「太極導引」，續承太極思想與太極拳，但轉化提煉後直接把拳拿掉，以導引形體舒血脈之氣，以太極螺旋的方法探索究竟。

太極導引以簡單的身法來駕馭繁多的套路，含蓄又直接地表達屬於自己的太極，突破過去傳統太極拳套路形體動作的紀錄，動作多是在兩腳方寸間的原地，然後一直反覆不斷重複練習，沿著每個關節，接骨鬥榫、轉關過角，慢慢探索像青藤纏著老樹般，氣血相互交融的軌跡，身體熱起來，骨節鬆展開來，入骨入髓才知味。小火慢慢燉，治大國若烹小鮮，像單曲反覆循環一樣，越聽越上頭，入了魂、上了心，身體在做動作中調整，找到自己的主旋律，記印出螺旋的軌跡。

所謂螺旋纏絲就像擰毛巾一樣，毛巾是柔軟的，所以擰轉進入，自然會伸展拉長肌肉，身體要越練越柔軟，才能延著骨縫入骨髓，把不好的物質擰轉代謝出來，不讓它常期在體內藏污納垢，否則容易形成病灶。這就是所謂的「流水不腐，戶樞不蠹」，流動的水不會腐臭，經常轉動的門軸不會被蟲蛀，就如同全身氣血不能遍布周身流通，就容易使氣積而鬱結不通，病灶容易形成，疾病也就隨之發生。

持續性螺旋迴圈 轉動身軀

將歷代太極拳「動作招式」精簡爲「螺旋符號」，俾使肢體動作的訴求更爲精確，以便於各界的理解和取用，並探討修習者，經過太極拳、太極導引洗禮後所產生之身心質變，理解屬於自己身體流動的脈絡，是爲自身獨有的螺旋能量探索，不管是拳，還是導引，都只是借著這些技巧來讓自己與太極接軌。

傳統武術裡，老師父的執念以自強不息的精神來實踐價值，在眞情流露中看到尚武精神全在淡月微風的雅逸，超然物外。

舊時代古典武學，一代傳承一代。但隨著時代變化，武器大量產生，科技發展、城市生活、社會秩序越來越穩定與蓬勃，在這個時代，武術的存在多以運動比賽與表演出現，或在電影裡以電影畫面呈現，會不會打太極拳已不是尋常生活的必要，但舒筋活絡身體健康是永不退流行的主題。

時代變革，太極導引出場，更集中火力在螺旋上面探究。

太極導引是更直接探索自身身體內化的連結，可進一層的學習到更細緻的螺旋，以一種持續性螺旋迴圈的方式來轉動身軀如波浪般的能量。

對身體文化而言，太極是揭發於華夏民族，以太極爲身體文化的導引，足以爲當代提供一個新身體螺旋方式的太極思維。

修身養性是每個人生命的課題，無關宗教信仰，因爲我們都有一個與自己相濡以沫的身體，探尋宇宙的規律、自然的規律、人的規律，所謂的天地人和在重力波被證實存在、量子力學開啓的新時代，人們找尋的是地球、自己、宇宙的關聯，太極的螺旋能量以自身爲主題，往外輻射、往內歸復，去銜接一切的一切，然後讓此身度此生，用生命影響生命，把自己活成一道光。

打架，不是太極的主旋律

這是多年前網路的一個小故事。

公園一位仙風鶴骨的老者在練太極拳，一位年輕人走過去與他閒聊：「聽說前些年太極拳實戰打鬥都被揍慘了，您練這玩意有啥用啊？」老者淡然一笑：「呵呵，小伙子，今天讓你見識見識，我站著不動，用你最大的力氣打我試試！」於是年輕人用力打了老頭一拳，結果被訛了八萬六。

最後的結果出乎意料之外，讓人莞爾一笑，可是仔細想想這不也是太極嗎？

太極拳本來就不是打人的拳，而是讓人打的拳，讓人自投羅網後，引進落空，任他巨力來打我，牽動四兩撥千斤，人不知我的出奇不意，我獨知人的攻其不備，最後是化爲那「八萬六」。

過去，家父也曾說：「出拳無章法，打架就一拳，原則是自己要站穩，對方要摔倒。」

我父親身高一八五公分，長相俊俏、氣質儒雅，年輕時特別講

義氣、重視朋友，經常爲了幫同學、朋友出頭而打架，他曾自豪地說：「學生時候打群架，我都站在前面第一個。」全因別人看他長相斯文，反容易對他輕敵。他也經常說：「因爲我人高馬大，所以有很好的優勢，出拳時要看準時機，必須一拳決勝負，讓對方站不穩，自己要站穩，才能在打架時佔上風，絕不是江湖傳聞或武俠小說寫的大戰三天三夜三百回合，誰有那種體力啊？出拳貴在神速還有力量，一拳就要把對方摺倒，所以眼睛很重要，料敵在心，察機在目。當然，打得贏就打，打不贏就趕緊跑，識時務者爲俊傑，示弱也是一種強者風範。」

他也常常說孔子有交代：「君子不重則不威」，君子如果出拳不出重手，則無法顯示他的威力。

我覺得他眞是一位高明的爸爸，說得太有理，還懂得把孔子拿來當背書呢。

我心所向，不是打擂臺的太極

《倚天屠龍記》第二十四回，張三丰傳授張無忌太極拳的心法奧義：「用意不用力，太極圓轉，無使斷絕。當得機得勢，令對手其根自斷。一招一式，務須節節貫串，如長江大河，滔滔不絕。」只見他左掌陽、右掌陰，目光凝視左手手臂，雙掌，慢慢合攏，竟是凝重如山，卻又輕靈似羽。張無忌陡然之間省悟：「這是以慢打快、以靜制動的上乘武學，想不到世間竟會有如此高明的功夫。」

小說裡的文字描述和電影拍攝的畫面都是美好的，但現實是每位太極大師上擂臺與搏擊出生的對手比賽，往往是劈頭蓋臉的一頓亂打，要不被KO倒地不起，要不如同街頭流氓式的亂打一通，太極裡所謂的用意不用力、以柔克剛、引進落空、四兩撥千斤，這些美好的哲學意境全都不見了。

從太極的拳法到導引的過程，是爲了要升等自己最好的能量版本，精神上能與自己相濡以沫，獨處時有立足之地，不慌不忙、溫柔且包容、穩定又堅定，在自己獨有的節奏發揮更聚集的能量。

10 這些年

身康體健，今晚夜色眞美

身體健康的在春暖花開時彼此相遇，
因爲心中有所等待的人，
想一起讓時間長久存在，
想把身心寄託在一段溫暖的時光，
讓靈魂變成美好幸福。

在探索頻道(Discovery Channel)看過一個人與狗的實驗。飼主要遠行，狗兒們熱切又蹦又跳的相送。鏡頭一邊拍在好幾個州之外工作的飼主，一邊鎖定狗兒們的動靜，牠們從主人開車離去後就百無聊賴地在屋裡趴著。直到飼主完成手頭事，準備駕車啓程返家，狗兒們突然興奮的躍起身來，眼巴巴地到窗口望著，到他返家的那一刻，狗兒以最熱情的姿態衝向飼主，蹭得他一身疲憊盡除。狗兒對飼主若有心電感應般，連設計實驗的科學家都嘖嘖稱奇。

這至深且遠距離感應的守候，那幾隻狗晶亮亮的眼眸，洗滌了飼主舟車勞頓以及工作的憂煩，感覺自己被撫慰也被需要。而許多狗兒和飼主都是相守到老，甚至主人辭世了，依然眼睜睜地盼呀盼他們的身影能再度映入眼簾。

小鸚鵡的愛情故事

還有個小鸚鵡的故事。一位朋友養了一對小鸚鵡，叫「Yes Sir」跟「多謝」，牠們從小一起長大。在一個下著雨的深夜，聽到多謝在叫著 Yes Sir，朋友隔天早晨醒來就發現 Yes Sir 已經躺在籠裡一動也不動了，但牠張著眼睛看向籠裡樹枝上的多謝。

我當時知道這件事情後，一直覺得Yes Sir是有事要交代的。會不會牠有什麼未遂的心願？抑或是，Yes Sir知道自己要離開了，但放不下多謝，怕牠會難過，所以眼睛睜看多謝，要讓多謝以爲Yes Sir仍在跟牠玩耍。

你需要我的時候，我總是毫不猶豫地奔向你，一次一次又一次；但這一次我已經筋疲力盡了，身體飛不了了，只能用盡最後力氣躺著張開雙眼，讓你以爲我還在跟你玩著，看著你，想要守護你，不想讓你孤單，我最後的心願是想在你身邊，希望能陪伴你到永遠，卽使青絲變白髮，也要深深守護在心底。Yes Sir最後的生命是「落紅不是無情物，化作春泥更護花」。

唯有生命在的時候，彼此才能邂逅且寫下故事，當死亡來臨時，分離是必然要面對的。曾經以爲老去是很遙遠的事，但在驀然回首時才發現，過去已經是很遙遠的回憶了，活著注定是一個熵增的結果，是一個成、住、壞、空的過程，肉身深陷泥淖慢慢往下坡走，唯一能努力的是如何提升自己的能量，讓能量向上升揚。

生命是一種自然規律，是一件單純的事，穿越歲月，來時一絲不掛，去時一縷青煙。此時的我們雖然正爲塵世的名韁利鎖努力不懈，但不能爲它所迷惑，因爲一切都會轉眼成空，讓自己保持返璞歸眞、追求自身的簡單和豐富，是最根本的事。

生老病死與生病老死

「生命」二字最早見於《戰國策》‧〈秦策三〉：「萬物各得其所，生命壽長，終其年而不夭傷。」在古人看來，我們人生中一定要面對生、老、病、死，而其順序是「生、老、病、死」或「生、病、老、死」？絕大多數人是希望老死，而非病死。

「生」已經是既定的事，從出生的第一天開始，就是持續走在變「老」的路上，而「死」則是最終不可避免的結果。

我們唯一能主動調整的是面對疾病的態度，「疾」是外來的箭，「病」是心生的鬼；「疾」裡面是「矢」，矢是箭，是外來敵人的侵害，如細菌、病毒、氣候，當身體虛弱時被外邪侵襲，就成了「疾」。「病」裡面是「丙」，丙在五行屬火，在五臟是「小腸」；丙爲陽火，至陽則抱陰，我們總是說「心腸」，心與腸難分，而這火就成了心中的鬼，如心理不平衡、憂慮、恐懼、壓力等。

所以生、病、老、死只有「病」，是我們可以主動去調整、去努力的，盡量逢凶化吉，讓身體的狀況不要形成大災難，包括情緒和心情。要避開不好的人事物，因爲心情會影響到身體，身體會影響到能量狀態。身體健康的最高境界，是心身同養，先調身，再調息，身跟息同步後，最終自然就是氣的和順。

而在這個物質豐富的時代，當身體不健康時，不是要先補，而是要先通。營養豐富不缺補，是缺疏通。進出平衡、進補不疏通那就虛不受補了，如同《黃帝內經》裡有這麼一句話：「百病源於經絡堵，經絡不通百病生」。

養兵千日，是爲了怕有那一時

人類身體的後背爲陽，古人觀察正在走路的四肢動物，當陽光灑下光照的部位就是陽，照不到的地方就爲陰。所以，督脈在背部爲陽，任脈在身前面是陰。人體可以分爲九個大關節，用螺旋的方式把九個關節連串起來，讓陰和陽交流交融，柔軟筋骨的空間、伸展骨縫隙，讓氣血入骨入髓循環好，提升溫度以化鬱化悶，就像放在壺裡的茶葉經熱水一泡，葉片就舒展打開、茶色出來、茶氣聞到了。

這些年　身康體健，今晚夜色眞美

也如小孩子的體溫高，活力就旺；老人的體溫低，活力弱；溫度能決定人體的衰老，活人是有溫度，死人就沒溫度，人活著就是要有溫度。

螺旋，天不旋則墜，地不旋則毀，人不旋就枯。人出生的時候是柔弱的，老了氣和血不夠，所以身體僵硬，就像枯木落葉般一捏卽碎。沒有氣，生命能量就弱了，要把氣血滲透進去、旋轉到身體裡面的骨縫骨節，保持在流動狀態下，調和陰陽五行。疏通經絡是爲了讓氣血通暢不堵塞，養兵千日不是爲了用在一時，是爲了怕有那一時。壯志未酬身先病，常使英雄怕病魔，讓我們借著螺旋調整自身的磁場與能量吧。

像麵粉和水揉成麵團，再放著讓它自然發酵。加諸在生命裡許多不天然的東西，也要藉由太極螺旋以回到孩子般質樸的原始面貌，將成長過程中殘留的悲傷、憤恨等等，慢慢化掉，以讓身體柔軟、柔嫩。不是垮掉的那種柔，是乾淨正直、果敢堅忍、性情質樸溫潤的柔。

謹慎愛惜自己獨一無二的個體，之於世界是坦蕩，之於自己則是心安。讓身體能持盈保泰又能韜光養晦，對這人間充滿期待熱情，像夏目漱石一樣因爲今晚夜色眞美，穿件喜歡的外套，去談個戀愛也是挺不錯的。

被忽略的「暗物質」

何謂浮小麥？浮小麥，是中藥名，取癟瘦輕浮與未脫淨皮的麥粒，將麥子撒在水缸裡，飄上來且未脫淨皮的麥粒就是浮小麥，非常輕靈，是癟麥子。

北京崔月犁傳統醫學研究中心主任張曉彤曾提到：「國醫大師張燦玾是山東的老中醫，就給我講了浮小麥的故事。他當年學醫時用經典方時，裡面有一味藥是『浮小麥』，他認爲那跟麵包的成分是一樣的，就是所謂全麥麵包，啃兩口麵包不就把這個問題解決了？於是把這個方子裡的浮小麥刪了，結果開出去的藥方子毫無療效！」

後來又把浮小麥加上去了，結果效如桴鼓、立竿見影，這老先生驚了，這是怎麼回事？爲什麼？

原來用浮小麥這味藥，要的不是小麥這物質，用的是它「浮」上來的「升浮之氣。」

中醫治療的精髓，在借由食材、藥物的推動，引導氣在特定的路線流動與流轉，以調節體內氣的升降出入，這個氣的升降出入在《黃帝內經》〈素問〉裡就說了：「非出入，則無以生長壯老已，非升降，則無以生長化收藏。」所謂的出入就是與外來物的交換，如飲食與排泄、清氣和濁氣的交換。而升降則是體內之氣與體外之氣相互迴旋之道。

身體精氣神的「暗物質」，能保持生命平衡，我們卻看不到，因而容易把它忽略，只用物質的思維來看氣的思維，這是不對的，就像是白天不懂夜的黑，山茶花讀不懂白玫瑰。

身體是空間也是容器

人類自從會站立以來就百病叢生，所以古人養身首重脊椎的保養。因爲人的背爲陽，脊椎要延伸展開，才能把陽氣、督脈提上來。如果脊椎是身體的小麥，脊椎的方向就是督脈；督脈如同是浮小麥，能把督脈提運上來，就是升浮之氣。但脊椎是一節一節連串起來，像珠子一樣，直線走不進骨縫，弧線曲線才能入骨入髓，借由螺旋在骨節的空間中迂迴進退，將節節貫串，找到上升的能量，提氣上揚，改變能量、提升氣勢。

而氣在人的身體，是隱、是藏、是流動的，是柔軟的弧線、是如聲波的傳遞，能量的轉換。

氣就像風一樣，風能吹過梵谷筆下奧維爾的麥田，也能吹過蘇格蘭高地古老原生態的冰河；風吹到最遠的北極圈，也吹到最高的珠穆朗瑪峰；風吹拂過你的臉頰，也吹動你的心。因爲風的緣故，才使得這個世界相互依存、相連在一起。因爲氣的關係，把我們身體五臟六腑、六十兆細胞、筋骨脈膜也連結在一起了。

氣的概念，本就屬於我們的強項，一旦去接軌、去引動，很快就能喚醒古老的記憶，所有的觀念都會產生翻天覆地的變化，明白在解剖學實體的概念外，還有一個經絡氣的生命系統。

其中，最深刻的變化源自人們觀念的改變，以螺旋來建立體內的升降起伏，達到自我調節的能力。

找到自己身體螺旋的路徑，就像拿到發射器的密碼。過程中，與氣韻接軌的部分要非常講究，形式可以將就隨意，但是，起承轉合、出場順序要清楚。腳踩黃土地，頭頂一片天，人踏實了，旋氣上來就可不用蠻力，因爲是大地讓人的身體有了依靠，

借由大地的力量轉成推動身體流動的能量，把能量輻射出去、托上去。

練習時，不需要往套路裡去找，借由導引和拳法中，尋找自身的太極與自己的螺旋，將體內的磁場整理、把氣場能量形於外，才能放諸四海皆準，調整、調節、調身、調息、調氣，身體是空間也是容器，氣是用來維持形的。

內臟不糾結則氣血順暢，形式結構先突破，內有情，外有景，情景交融，打開空間，提氣上去就有了「升浮陽氣」。氣與血要相互交融，氣若不得血，則散疏而無統；血若不得氣，則凝而不流。老一代人會說：氣不得血，就是一灘死水。若還有一口氣，有經驗的老中醫師理解身體氣血運行的概念，有時還是能救活的，但若血不得氣，那就是天長路遠魂飛苦，夢魂不到關山難，長相思，摧心肝，天命到了。

以太極、用螺旋，把氣引動出來，陰陽，虛實，輕重，開闔，把身體空間打開，讓氣場上來、氣勢延伸；關節太緊，裡面就容易藏污納垢，動者鼓氣以勢壯，連綿不斷、川流迅激，翩若驚鴻、婉若游龍。

「周雖舊邦，其命維新」，太極雖是古老的思維，但每一次打開身體的疆界，就有新的發現，就能品出新的思維，一天新似一天。

11

這些年 每一個人都是星塵

我相信那清澈的愛能穿越一切，
被遙遠的未知接收，
將我們與宇宙緊緊相連。
人是經天緯地的動物，
身體本身就是一個接受器與發射器，
穿過人間傳遞到星塵，
愛是貫穿宇宙的引力，
等待億萬光年後遇見你，
不再獨行藍色星球。

在地球上，人是經天緯地的動物，所有動物中，除了人，其他幾乎都是橫行與沿緯線走的爬行動物，即便能暫時站立起身，行走時仍仰賴四肢爲主。

只有人類這個物種，白天是直立動物，走的是經線；晚上睡覺躺平了，接緯地之氣，頭銜接天氣，腳踩踏地氣，人因此得天地之全氣，特別好修行，而修行。與任何宗教無關，最重要是從修身開始；傳統文化有個中心思想就是天地人和，在天成象，在地成形，所以人要接地，地是磁場；人要連天，天是氣場。而人類本身是生物場，所謂的天地人和，就是指地球、人類、宇宙的關連。

而人體共有二〇六塊骨頭，兩隻腳占五十二塊，是全身四分之一以上的骨頭。此外，每隻腳還有三十三個關節、二十條大小不一的肌肉、一百多條韌帶，及無數神經血管，所以人類的腳之於自己，就具備了巨人的力量，但又是遠比身軀龐大的巨人靈活。

在人的十二經脈中，足經是從頭到腳、從天到地，貫穿人的整個「經」線，腳對健康的重要，自是不言而喻。

腹部丹田裡翻江攪海，宛如波浪湧動

武術拳諺云：「功夫全在腳下。」腳下，就是我們廣袤堅實的大地母親。

我們用腳底的空間旋、碾、滾、壓，以螺旋力量借大地的反作用力，轉成推動身軀的能量，就像阿基米德式螺旋抽水水泵，運用螺旋曲面繞著旋轉軸做旋轉運動，將水從低處傳輸至高處，聯結地氣，借地之力，從腳底空間螺旋上來，與髖關節大轉子連成一氣。

螺旋上來同步貫通，膝蓋保持微曲，以保護膝蓋不受傷，再借勢將螺旋波浪的傳導打開關竅，讓整個空間變得寬闊，經絡疏通。

腹部丹田裡翻江攪海，宛如波浪湧動，造成螺旋洄流，呈現立體的數學符號∞無限大，再銜接老子《道德經》出現很多次的「玄」，「玄」字的甲骨文是直立的「8」，與DNA一模一樣，從原子、質子、電子、中子到夸克、到地球、太陽、銀河系甚至整個宇宙，都在不停的立體旋轉，無限大又玄之又玄的祕密，就像日本浮世繪畫家葛飾北齋所畫的〈神奈川衝浪裏〉，時而潮起，時而潮落，潮起潮落滾滾銜接的波浪。把這上來波浪接住，沿著脊椎的道路像大馬哈魚般逆流而上，將脊椎骨一節一節的空間打開，引動督脈陽氣上提。

胸廓打開是一個後天的八卦氣場旋繞，上行到頭頂泥丸宮，灌出到兩手臂，勁貫指梢，力透紙背，輻射出去瀰漫四周。

旋到深處，抽絲延伸、分清上下，纏絲絞轉，陰陽相推變而化之，骨節慢慢地鬆展開來，裡面產生了波浪勁，以意導氣，傳遞出自己的能量。

螺旋的能量是我遺忘的祕語

二〇一五年科學家偵測到重力波，是兩個黑洞在合併過程中扭曲了四周的時空結構所產生的時空漣漪，它在宇宙空間中行走了約十三億光年，才被地球人捕捉到，證明了愛因斯坦在一百多年前的理論預測：時空結構是可以被扭曲的，而重力波則是這種扭曲的動態傳遞現象。

我想用自己的身體小宇宙，以螺旋的方式運動，柔軟緩慢而綿

綿不絕，讓渦流在每個穴位裡兜裹繞轉，待壓縮到凝聚一氣時，再有如槍膛中的子彈射出，在虛空中與風擦身而過，很像電影《駭客任務》中那場經典的子彈時間場景，波動的輻射是從太陽系第三行星的地球傳遞到宇宙間。

感激我們能在光錐上曾彼此重疊，在那些我們曾經難忘的時光裡，它會在廣闊的時空中找到屬於我的坐標點，所以如果我忘記了我是誰，那宇宙會幫我記得，讓這茫茫宇宙中微不足道的自己，被記錄曾經來過的美好。

然後，歸於最終，今昔過往的櫻花總會飄離枝頭，落地成泥，生命也是無法永遠駐留在軀體。因爲知道終將逝去，所以眷戀這世間，眷戀這一切。重力波證明時空的扭曲能以一波一波的漣漪在空間中傳遞，而以自身爲中心向內歸復所發現的深情，似乎也能像重力波一般向外輻射抵達天外天。

少年的信息，孤獨的信號，宇宙的呼喚，在空間中產生共鳴，那荒涼的呼喊有了回應，曾以爲被遺忘的祕語，原來永遠存在著，爲過去做憑據，念念不忘，必有回響，最終，會在某一個地方、某一個時刻得到回應，原來你也在這裡。

身體裡每一顆原子都來自一顆爆炸了的恆星

宇宙，宇者空間也，宙者時間也。

上古時代鴻蒙初辟，人們昂首穹蒼、仰觀凝視著這個神祕空界的狀態，感受無窮萬變、瞬息萬化的神祕力量，因而對上天生出種種想像。當時巴比倫的人們已經觀察到黃道，分別用古代的神靈及神獸來命名，劃分爲十二星座，這就是著名的黃道十二宮。中國古代天文學觀測日、月、五星運行，並劃分東方有青龍、南方有朱雀、西方有白虎、北方有玄武，每一個方位各有七宿組成，加起來便是二十八個星宿。

自古，人類對宇宙有著浪漫想像，北冥有魚，其名爲鯤。鯤之大，不知其幾千里也。「宇宙」一詞最早出自《莊子》‧〈齊物論〉：「旁日月，挾宇宙」與天地並肩、與宇宙合一，至大無外、至小無內，寬闊無限的時空，水擊三千里，摶扶搖而上者九萬里，那時代的莊子就是超乎物外的宇宙思想，以夢爲馬奔赴星辰大海。

與莊子同一時期的諸子百家中的雜家哲人尸佼著作《尸子》中闡明，宇是四方上下一種無邊的空間，宙是一種往古來今從過去到現在的時間，「宇」是空間、「宙」是時間，這是古人在兩千多年前就洞悉的宇宙時空。直至今日，人們仰望星空時，從未停止思考我們在宇宙中的位置。

到了二十世紀初，科學家發現宇宙是在膨脹的，而「大霹靂理論（Big-Bang Theory）」則主張宇宙在大約一三八億年前，曾處於一個密度和溫度都極高的狀態，經過不斷的膨脹而到達今天的狀態。

我們所有的一切就從那一刻開始，在大霹靂時卽已存在的基本物質，歷經了一百多億年，有一部分匯集於地球，構成了翼龍、劍齒虎、鯨魚、猛獁象，南方古猿、直立人和尼安德特人，形成我們智人身體的原子。

我們身體裡每一顆原子都來自於過去已爆炸了的其它恆星，天文學家卡爾·薩根曾說：「我們DNA裡的氮、牙齒中的鈣、血液中的鐵，及我們吃下的蘋果派裡的碳，都來自坍縮恆星的內部，而我們每一個人都是星塵。」

也許我們互相吸引，是因爲我們曾經一起從宇宙誕生的初期出發，走了很長的旅途，在交替、忘懷的時空中一切都是最美的，即使身陷泥淖，依然不忘抬頭看著星空。

詩人顧城有一句詩：「生如蟻，美如神」，意謂我們生如螻蟻，卻美若神明，所以，當夜晚抬頭仰望天空時，那夜空中最亮的星星離我們並不遠，因爲我們本身就是星塵，是南閻浮提的衆生，是上帝的子民，是宇宙中的原子。

去探索人類在這整個世界的存在意義，也許是個無法解開的謎團，但宇宙山河、浪漫人間，誰是未歸的遊子？哪裡是你的故鄉？我們將宿命化爲陰陽兩極的流動，地球上生活的萬物與宇宙中所存在的物質，彼此都擁有著共同的宇宙密碼，用一種浪漫情懷去想：在某種意義上，人類是源於宇宙，是宇宙的幻化，而以生命存在，是宇宙理解自己，於是以一種人的形式作爲能量的表達，穿越時空來見你。

所以，在人類DNA的代碼裡演化出了愛，一種能超越時空的維度力量。

12

這些年　太極與情感的流串

夜幕降下，華燈初上。
我從教室往外看，
忠孝東路上的車潮如流水奔湧，
對面臺北一〇一的燈光熠熠生輝。
我內心充滿安適，
向陽式的微笑正緊裹著我的髮梢、指尖，
每一條筋絡與每一寸肌膚。
回過神來，我瞥一眼教室，
這暢敘武學情懷的修練場，
能否在這城市打造出傳承的故事？
我到底該從哪裡開始？

金風徐來，染黃了一株株欒樹。不消幾日，結了一樹玲瓏的赤緹色蒴果。眺望教室外的成排臺灣欒樹，感知時間紛紛繁繁，「潘靖太極．藝術文化教室」開幕至今，已經可以用年來計算了。

如果我能成爲一棵巨大的太極樹，二〇二四年就是年輪的開始。

就如羅伯特．佛羅斯特的詩句：「黃色的樹林裡分出兩條路，我從心選擇了人跡罕至的一條，從此決定了我一生的道路。」

節奏完全是身、口、意合一

過往穿街走巷的教學生涯，如一位踽踽獨行的苦行僧，沿路托缽授課，謝謝學生們總是追隨不棄，托起我這一路的教學，沒讓我在太極的時空中被遺忘與淹沒。就這樣，我時時茫茫又時時慶幸。

不斷地推廣獨特心法、不斷地推動課程，即使體力已乏卻仍興致勃勃，走向太極之道。

我拙口笨舌，雖撫心不斷地琢磨自己功夫的深度與廣度，但太極教學，仍是我說不輪轉的功課。

說話頻頻打結與口條含糊，削弱我俯瞰天下的自信。我跌跌撞撞，我勤習勤練，我告訴自己：「我不能永遠以示範方式讓學習者自己去心領神會，我要把動作招式語言化，用最簡單的字詞叮嚀，讓學生看懂並聽懂玄妙之處，這才能有相乘的效果。」

直到那一天，課程特別地滿，我從早到晚足足上了八堂課，實在練到不行，但就在精疲力竭的關頭，突然有如大神附體，解開了我難以準確表達的封印。語意聲形，靈活互佐，我口說太極的功力驟升，怦然反映在學生們訝異的瞳眸裡。

下課後，還有學生專程跑過來說：「老師今天的課講得好棒！」自那之後，我可以整堂課的「說太極」，迄今已能跟上我的「練太極」，節奏完全是身、口、意合一。

終於有一間可以定點授課的太極教室

太極教室，全臺灣多達百千家；公園、樹林裡，無師自通的、免費教授的，更比比皆是。

武林秘笈
三個字
練練練

我曾經因爲年輕，不太像傳統的太極老師，卻也因此闖出另一條路；當時才二、三十歲的我，從一個初闖社會的小青年，逐漸累積了我的教學分量。日後我有國際裁判、國際競賽冠軍的加持，在教學上更有學員們肯定，彼此之間建立起不必言說的信任感。

當金融風暴、倒閉潮來襲，健身中心的教室發不出老師和行政人員的薪水，我仍然持續教課；這時走的走、離的離，但學員還是會有一個帶一個的人數成長，繼續來上課的學生中，有人發起均攤學費，在或高或低的鐘點費下，我們堅持照顧這些年彼此的情分。

直到有天早上，一位同學打電話給我說：「SKY老師，俱樂部因爲電費沒繳，被斷電了，鐵門拉不上來，沒辦法上課了。」

那一刻，我以爲跟這些同學的緣分，可能就此告一段落，未來如何，一時間難以揣測。

飄泊的現實，平生只是一次相遇，師生建立在一起練太極時的情誼，會不會再續前緣？

內在調整以解決生命困境

在大疫流行期間，回首這一路教學的歷程，就像有些小孩喜歡一個人躲在角落跟螞蟻花草說話，我雖大部分時間都是獨處，其實並非孤僻。從小到大都是這樣，不是叛逆，只是看似很內向，卻常是澎派熱情無法說出口，因此往往孤身一人，好奇地四處探索。

國中階段，同學們成群結隊，我總是形單影隻，很少和同學玩。出社會之後即使已授課一段時間，下課我就走人。在大型社交場合手足無措，儘管表面看不出來。我並非孤高睥睨他人，多半是害怕與人交談、不知如何找話題。直到最近才意識到我這種狀況叫社交恐懼症，很多人都有這種症頭。

與學生相處，課堂上比私下碰面更自在；於我，課堂上師生間的互動非常眞實。課堂上專注教學，效率極高；雖然不排斥素常往來，卻自覺實非我的強項，也不是我與人建立關係的方式，點點滴滴累積的熟悉感還是適合我。因此甚少刻意了解學生的背景，只想專注解決他們的學習問題，奇妙地在這種教學往返中，反而能進一步認識他們。

生命的困境，往往不是物質上的，而是精神層面的。解決之道不在於外在的依靠或黏著，而在於內在的調整，需要時間和耐心。我在多年的太極教學中，更深切體會內在的傳導遠比外在的黏著更具能量。

活潑、現代、可親的太極形象

至於太極拳的發展過程充滿了偶然性。現代人覺得它有趣，容易上手。

我每次花時間跟學員們溝通，不必拘泥於傳統太極套路的形式，強調呈現更活潑、現代、可愛可親的太極形象，而非固著於傳統太極的嚴肅氣息。然而，許多人對太極拳的既定印象限制了對創新形式的接受度。

因爲出道得早，上課時，多半學員都年長於我，他們有時會直接提問，甚至直接反詰老師，這和傳統師徒關係大相逕庭。但這也和太極拳教學環境脫不了關係，不同老師的教學風格迥異，重要的是回歸自身，找到適合自己的老師與太極拳練習方式，最後能非常直覺地與自己身體對話，找到自己的太極。

我遇過一些太極老師，也許不那麼有名，卻擁有獨特的個人風格，讓人感到自在，如沐春風。這種感覺很舒坦，既可以親近，進而樂意探究其箇中奧妙。

學太極拳多年，相處起來較特別的是上海的陳老師。我學習過程比較專注，貫徹在太極的精進上，先在臺灣學了陳式太極和各種派別武術，之後在上海武術院又進一步學習了海派陳式太極和其他流派。

我們家的武術傳承可以追溯到明清時期，家裡的記載訊息有限。至於我們家的武術底蘊，從小聽父親提及，但始終不清楚具體是哪一種功夫，我猜測可能屬於沿海地區較爲偏向防身實用的外家拳法。

既然有武學世家背景，家父自幼卽學過一些家傳武學，高中則隨日本老師學柔道，曾拿過全國柔道冠軍。而家父的太極拳淵源始於一九四九年來臺的師父們，雖然他後來從事其他工作，但從我五歲起，家父就開始教我武術；不過他反對我學習搏擊散打之類的武術項目，一來容易受傷，二來卽使爲了比賽而打傷對手，也會使對方留下傷淤，造成身體的傷害。父親認爲與其如此，不如練太極修身養性爲上。

學習武術的過程之初並非只專注於一種功夫，我在兒時就涉獵各種運動，像是跑步、游泳等；體專時期則是籃球、網球、游泳、田徑、體操及武術等都練，經常換項目，可說是一種全面性的體能開發。我用一套拳法和兵器考進大學體育系國術組，入學後什麼都練，學校的國術科目極多，除了刀槍劍棍、外家拳、內家拳、散打、搏擊和摔跤等，也要學傳統的針灸和推拿。每位授課老師都是國寶級的大師。

生死無常的了悟

也許每個人都會思考人生的意義，例如存在的目的，來到這個世界要幹嘛？我從小就有這樣的疑問。因爲常常埋葬各種小動物，也敢在公墓梭來巡去，好像感受到生命的稍縱卽逝，更讓我深刻體會到生死的無常，就像看到貓狗死去一樣。

我自己養過一隻貓十多年，牠就像家人一樣，當牠去世時，我的感受是非常悲傷的。

家父是在疫情期間過世的。他安詳地躺在自己的床上，我親眼看著他離世，感覺他的魂魄慢慢地登出身體。那是我最接近親人告別的時刻，也是我近年所經歷的。

他曾罹患癌症，也做了些輕微的化療，他早中晚會打坐二到三個小時，中場休息時就看一下今日股市行情。有一回，我進入房間看見他打坐的模樣，簡直像是入定的老僧般，比修行人還像修行人。他的治療算是成功，癌細胞也退散。

約八年後，家父在八十歲生日前三天跌倒了。當時因爲疫情，我已經停掉工作，當天我外出購物，回來後發現父親還沒返家。心想不妙，這才發現他坐在走廊的椅子上，原來他跌倒了被人扶起，氣色有異，我明顯感到他不太對勁。但處於疫情流行間，他拒絕上醫院檢查，三天後沒受什麼苦，淸晨辭世。

本來我就較安靜，父親過世的那段時間，又囿於疫情人與人不太能接觸，暫時過上一段與世隔絕的生活。想來家父一直認爲我從事這行業是有益於人的工作；父後，我遂收拾心緒，重新投入教課。

年齡的缺點變優勢

投身太極教學這個行業是靠人牽線介紹的，我從飯店和健身俱樂部教起。當時健身中心蓬勃崛起，連飯店等場所都流行開設瑜伽、太極等課程。一般從事健身相關行業的教練都是腰挺背直、芳華正盛，外型出衆，即使聘任的太極老師也要青春煥發，而不是看起來已屆「耄耋之年」，這般的太極師資相對較少。二十來歲的我要從事太極教學本被視爲不夠老成持重，進入這些場域反而吻合所需的條件。

或許是「奇貨可居」，我所開的太極課甚至比其他課程更受歡迎，幾乎天天都排有課程，一年到頭幾無休日，除非出國，連家人知悉都訝異不已。

跟過熊衛老師那不說話的教學方式，常讓學生覺得摸不著頭緒；而我從健身中心和飯店開始教起，明白不能只靠學生的悟性領受，得要讓學員聽得懂，即使常常辭不達意的我覺得很困難，還是逼著自己要把所理解的清楚地表達出來。

那時候，我在飯店的健身房當太極教練，接觸不少對東方文化很感興趣的外國客人，成了我練習英文的契機；奇妙的是，有時候縱使豎著語言藩籬，外籍人士也能心領神會我絞盡腦汁想傳達的動作與緣由。

從一開始教課時，我就不必張羅課程和處理人際關係。一教經年，直到學生們希望有固定的上課地點，學弟推薦一個離捷運站近、交通方便的地方。學生們也開始在臺北藝術村租教室租時段，找我教學，終於不再遊走各地授課，很自然地被動有了專屬的教室。

有趣的是，一開始我教的並不是傳統的太極拳，而是「太極」的概念。

教太極的路上，一直很猶豫，不確定這條路是否能持續發展。當時很年輕，不像傳統的太極老師的德高望重，甚至懷疑自己能否持續吸引學生，卻沒想過轉行，近年我更確定自己能在這行業立足。

身體與精神像雙股螺旋結構

讀過一本知名人士的書，書中提到他的一位學生，因身體不適，

向老師求助。老師只讓學生每天朝特定方向遙想著他，結果學生真的痊癒了。他在書中坦承，作爲老師的他壓根忘了這件事，但那位學生的信念讓自己終究復原了。這讓我深刻體會到，人與人之間的影響力，有時是一句話就能改變一個人，即使說話者早已忘卻。

最近我更加肯定傳授太極，彷彿是在「替天行道」，此道就是一陰一陽太極之謂「道」。然而，大道至簡，就是回歸到自己的身體，找到自身氣場流動的脈絡；我所教導的是關於身體的知識，但每個人的感受都不同，一個太極各自領受。

我是個運動型的人，和那些只動腦筋的人不太一樣。我們看待生命的方式、解讀生命的方式，都有各自獨特的模式。我對「解碼」這個詞的理解，源自於在熊老師那裡學習的經驗。他教的不是單純的講解，而是反覆練習同一個動作，不分年齡的操練，自會咀嚼體會出自己的太極，終得其意，忘其形。

過程中，我感受到身體越來越緊密，像螺旋一樣，雖然當時說不清那究竟是什麼，在之前的太極學習中從未體驗過。以往學的太極都是套路，像常見的練功一樣，一套套的動作。或是氣功，各種不同的名稱和理論，學也學不完。但熊衛老師的教學不同，他讓你找到身體的訣竅，之後練任何功法或套路，都只是將這個訣竅放大、延伸到不同的空間變化。呼吸、身體的鬆開，都包含在其中，感覺非常簡潔明瞭，領會到身體與精神像去氧核醣核酸（DNA）的雙股螺旋結構。

教著教著，從與各行各業的學生互動中，看到多數過勞的現代人，都很想放鬆身心，可是一旦投入各種肢體的學習，又得經年累月地練習，偏偏大家總是分身乏術，深怕學了又荒廢。我遂凝鍊各家老師以及熊衛老師的∞無窮迴旋，歸納出太極螺旋十三式，以符合二十一世紀生活型態的當代太極，一週練個九十分鐘，招式輕鬆，從地板旋起久坐被鈍化的臀部，越旋越鬆，整個如漩渦般旋轉起來，將能量漩到末梢。

一介草民的我，平生只透由教太極與人建立關係，這關係的回饋都滿被肯定，自己也逐漸有信心與人相處。再來，相信自己對太極的體悟應該有能力可以分享給更多人，不必侷限於一個傳統的太極形象，在心裡遂種下需要一間教室的想法，好好暢教、暢聊自己對太極螺旋的心領神會，讓想進入太極堂奧的練習者能漩出自己的螺旋，自己的太極自己做主。

13

這些年 屬於我的獨自武林

武術，為何而練？要練什麼？
練的是一份崇文尚武的精神，
練的是一份超然物外的雅逸，
練的是從往昔悟新的安適身心，
練出一種別人奪不走的獨特氣質、獨特能量。

回首往事，過去穿街走巷伏於人間，除了跟學校裡每位身懷絕技的國術大師學習武術，同時也會去尋找民間各家高手，保持對武學不同面向的探索。在公園練拳時，曾有奇人突然跑過來跟我說：「我看你打拳很久了，你打的拳我看得很滿意。」我心想：「啊？我沒跟你學拳哪來的滿意？」有趣的是，過幾天他就拿了些書送我，說是他收藏的。

誰說「堅持」是練武術的充分必要精神？

也會遇到會通靈或特異功能者，聽說他們能看到別人看不到的身體問題，或是看到異世界，不知是不是因爲他們所見的畫面與我們不同，我總覺得他們帶著一些敏感特質。

但，我想與其會神通，還不如讓自己的身體氣血順通、大小二便暢通，對健康還比較有實際幫助。

記憶中有位在某團體遇過的大姐，每看到我就喊說：「師兄」，那年我二十八歲、那位大姐七十五歲，年輕人被長輩稱爲前輩，超不好意思的。她告訴我，她覺得我是裡面打得最好看的，非常欣賞我，但她要去美國長住了，想把收藏的太極相關書籍送給我。於是，我又拿了一堆書回家。

一直以爲堅持是練武術的充分必要精神。有一回，跟隨一位傳統武術老師練武時，他突然要學生們閉目靜默，絕對不可打開眼睛。我們以爲他要傳授什麼心法，全場靜默無聲好一會兒，我終於忍不住偷偷睜開眼，赫然發現老師正在偷偷吃東西，其實他只是餓了，又不好教大家停下來，讓他進點食物，我見狀差點沒噗哧一聲笑出來。

餓傷胃，飽傷氣，當老師不簡單，這位樸實的老拳師因爲不好意思直接告訴大家說他巴豆妖了，只好叫學生們閉上眼睛；說實在的，老師也是凡胎肉體，他在上課時，盡責傳授，不想打斷大家專注練功的氣氛，偏偏腸胃又跟他抗議：「我餓了。」每憶起這段，忍不住莞爾，也是讓人難忘的武術老師之一。

聽止於耳，心止於符

我剛開始授課時，面對著很多學生，卻很難表達出自己想告訴大家的，被說成是：「不講話的太極老師」。後來，我試著慢慢啓動舌膽，出口的卻以文言文居多，詞彙偏冷，大多數同學聽都沒聽過，好處就是就算發音錯誤也不會被發現，因爲學生們覺得老師飽讀詩書，聽不懂是正常。

爲此，我努力調整自己的發音，拿著筆記本有空就念，一直不斷地刺激修正自己的語言發音，也一次一次打破我跟人之間的距離。

再則，課程教久了，會對身體的獨特感到很神奇，它帶著很多祕密，仔細觀察是會看出來的。

曾經有位學生很久沒來，再出現時已是半年後，我請他在臺上幫我帶個動作，我在下面調整學生。不過，回頭看他做動作時，有種悲傷的感覺不由浮現，後來才知道那段時間他摯愛的人意外離世。

另外，還有一對學生是男女朋友，一起來上課滿久了，姑且稱呼他們：阿珍跟阿強。有一天他們依舊一起來上課，阿強突然能夠鬆沉下去了，阿珍的身體卻突然傾斜不正，我很直覺地小聲問他們：「你們兩個吵架了是不是？」他們很驚訝地說：「老師你怎麼知道？」我回答：「因爲阿強你從來沒有沉下過，可見你已經灰心意冷了；阿珍妳的身體卻突然傾斜，歪得很厲害，可見妳內心非常不平衡；這些線索很明顯，所以我判斷你們兩個昨天吵架了。」

剛畢業時，曾經教過一位俄羅斯人，我們完全沒有共同語言，但她很希望能在回國前學會一套完整的太極拳。於是在一個教室空間，一個共同的主題：太極拳，我與她二人，她用俄羅斯語表達她的疑惑，我用華語跟她講解，跨越語系的她理解我的意思、我懂她的疑惑，在有限的時間裡，竟然傳授完六十四式的太極拳。後來，我才知道俄羅斯同學高中時還是打籃球的，這是一個神奇的經驗，當兩造調到相通的頻率時，竟然可以卸下語言的藩籬，心領神會地完成交流。

進入《莊子》〈內篇〉，仲尼說：「聽止於耳，心止於符」，用心去聽、用氣去聽、用眼睛去觀察，無聽之以耳而聽之以心，無聽之以心而聽之以氣。

練出一種別人奪不走的獨特氣質

倉頡造字，文字出現後，《淮南子》‧〈本經訓〉：「昔者，倉頡作書，而天雨粟，鬼夜哭(註1)」，唐代書畫家張彥遠也在《歷代名畫記》中記載：「造化不能藏其密，故天雨粟；靈怪不能遁其形，故鬼夜哭（註2）」，可見文字是有神祕力量的，每個字都是與萬物自然連結的密碼。古人惜字如金，對待文字的恭敬，是因爲他們認爲每一撇一捺都在天地之間相互交織、相互呼應，相信身邊有神靈保佑，所以要淘汰寫文字的廢紙時，都會特別盛重到寺廟裡的「惜字亭」焚燒。然而也有如蘇東坡的名句：「人生識字憂患始，姓名粗記可以休。」識字，可能也會蹈入無盡的煩惱門；可是一旦踏入那道門，就難再回頭。

漢字的發明在象形取意，畫成其物，隨體詰詘，如山、川、大、水、日、月都是象形的線條所造，所以文字格外有能量。

而拳法的許多動作都是很象形的，如：太極拳的「攬紮衣」，攬者，如手攬物；紮者，如手紮著；衣者，上衣，古人大都穿長袍馬褂，交手時要把長袍前襬收起紮在腰間。陳式太極拳的「白鵝亮翅」是「如白鵝之鳥舒展羽翼象形也」，楊式太極拳改爲「白鶴亮翅」，與白鶴起舞形象更顯。

傳統武術充滿象形的拳法，打完拳後，身體猶如寫滿整個天地自然間的氣場，與之相融合。再看看傳統武術裡的老師父們，那些老拳師有的或不識字，可是氣質中自帶有一種難以形容的

凜然。

而文字有神靈，我們身體裡的五臟六腑與關節也都有神靈保佑著。比如在《黃帝內經》裡有說，五臟裡藏神、魄、魂、意、精；道家也說，人是有三魂七魄的，所謂魂，是指無形的能量、情緒、情感、信息、思想、意識、智慧的神，叫做魂；何謂魄？就是對身體有形的影響，人飢渴、需要、冷暖、知覺、排泄等諸多本能的神，叫做魄。

《黃庭內景經》裡有三部八景二十四神之說，認爲人體各部位都有神靈居住，依道家的方式加總，人身中有三宮六府百二十關節，總共有三萬六千個神明。所以對待身體要懷著虔誠敬畏之心，把身體照顧好，給神明、靈魂一個舒適的載體。

用心感受，不用力練習

在大約一三八億年前，一個大霹靂的瞬間，這個宇宙的每一種元素、每一粒微塵都打上了可溯源的原子，現今存在的物質都源自於宇宙初生的古老原子。受天地之委託，給了我們一副和順之氣的形體與地球上生活的萬物，所以，人以得天獨厚的形式，能借著肢體去感知。以形取意，再以意象形，外練形體，內練精神意氣神，不求形骸似，但求精神意識足。然後得意忘其形，形神在己身，神意、形質、氣韻相融。

英國作家比爾·布萊森的《人體簡史》裡有一段話：「把你體內的DNA搓成一條線的話，它能延伸一〇〇億英哩，比地球到冥王星的距離還遠。所以光靠你自己就足夠離開太陽系了。從宇面意義來看，你就是宇宙。」我們用自己的身體去畫宇宙能量的符號太極，將歷代太極「動作招式」精簡爲「螺旋符號」，俾使肢體動如濤、轉如輪、旋如風、落如葉，修習者經過太極拳法、太極導引洗禮後所產生的身心質變，理解屬於自己身體流動的脈絡，便是爲自身獨有的螺旋能量探索。

「著力卽差」，是蘇軾對人生的終極領悟，做凡事，別用力過頭。一直以來，我都不鼓勵學員回家還要自己練，一方面是下課就下課了，回到自己日常的生活節奏。上課時用心感受漩動身體，下課就不必再用力練習。另一方面也擔心回家做時，萬一動作不正確，容易傷筋動骨，或是過度認眞練習導致身體疲乏，容易受傷；流水不爭，爭的是滔滔不絕，細水長流；願你與太極第一次相遇就能翩若驚鴻，練習後與自己傾心，往後每一次上課都能積累佳緣。

我的教學也不依程度分班，無所謂初階班或進階班之分，只求學習者能放開飽受擠壓的身體中柱——脊椎；第一天來上課的學員可以和練了二十幾年的資深學員同室上課，卻毫無違和感；十三式的形式看似一樣，概念不變，其結構、觀念所組裝出來的動作，鬆開被我們遺忘的臀部和快要消失的尾閭，透由經年累月的修練，造就內化程度有如一位武藝深藏不露的高人。

只是新舊生的動作仍有快慢之別、空間亦有變化，宛如混齡教學般。一天與練過十年、二十年的學員同班，反倒看到他們彼此進步；調整懵懂新生的學習體認，彷佛能提點舊生重溫當年揣摩進入自身的螺旋，如何將能量漩出來，開展五臟六腑、提升脊椎的初始學習。

明代思想家王陽明說：「你未看此花時，此花與汝心同歸於寂；你來看此花時，則此花顏色一時明白起來，便知此花不在你的心外。」他所謂的「花」也可以說是只被我們取用卻未被眞正了解的身體，東方往內歸復的運動，通過這樣一種自我內向性的身體淬煉，進而體悟了解生命與自然，至宇宙萬物的本質，和終極眞理的心得。

那是你獨一無二的能量、那是你與你之間的氣場、那是你迂迴曲折的波。

時代變遷，處在武術漸漸被兩忘於江湖的時代，今日的我們都已經在往跨行星物種奔去了，傳統武術總會有一種讓人拔劍四顧心茫茫、看著四周環境找不著北之慨！爲何而練？要練什麼？敵人在哪裡？

我的答案是：練出一種別人奪不走的東西吧，那種獨有的氣質、獨特的能量，能夠增長思維，看待世界也有不同的維度。還有練完後如寶劍入鞘的帥氣，如李白俠客行，事了拂衣去，深藏於身與名之後的瀟灑；如考完試後，將鉛筆放在鉛筆盒，蓋下來那一瞬間的快樂。

註1：有一種說法是：上天知道再也守不住天地的祕密了，就降下雨滴顆粒如米粟般大小的暴雨，以警示人類慎用文字，以文字「獎善懲惡」；墳裡的鬼魂明白自己的過往應該有可能透過文字，讓後世的人明白自己的生平或冤屈。

註2：當文字完成之日，天上掉下如金色稻穀般的雨點，同時嚇得天魔外道鬼哭神嚎，往後不能在光天化日之下出來危害人間。這反映了倉頡造字一事大到足以「驚天地，泣鬼神」。

番外篇 01

繪畫與植物的有機天地

教太極之前，曾經有過兩個月在動畫公司短暫打工的日子。擅長運動的人，手眼腦是極其協調的，或許欠缺言語表達能力，卻不太可能是刻板印象的頭腦簡單、四肢發達。古人講「禮樂射御書術」，是有其道理的。何況，「武藝」不就是有武有藝嗎？

童年時，我是省話孩子，卻一直都很喜歡畫畫，可能這種喜愛能夠轉移某些說不出來的心情。從小學到國中，我總是習慣用畫筆來表達自己。

我的繪畫啓蒙都來自於漫畫，完全無師自通，唯一的老師就是逮著機會就不放手的日本漫畫。我們這一代幾乎都浸淫在《七龍珠》、《亂馬1／2》、《哆啦A夢》、《好小子》等經典作品，看漫畫之餘，更常模仿漫畫中的角色，逐漸累積了自己的想像空間。我又喜歡運動和武術，筆下盡是帥氣酷炫的功夫小子或是動物。

漫畫代替我卡住的話語，往往得到老師和同學的另眼相看。上體專時，每天充實著各項運動的訓練之餘，再來就是幫社團畫海報，畫到被叫去參加「臺灣省教育競賽漫畫決賽師院專校組」比賽，出乎意料的竟然獲得第一名。有了這成績，我在體育界之外突然多了一席漫畫專長的定位，當時，學校有些出版品，老師們在編輯時需要配插畫，我就自然成爲他們的插畫師；學校例行出書，我也因此小小地賺了一筆。

老師們還有一些門路，幫我接活，推薦我幫一些商家和補習班設計圖案，例如幫一個棉被品牌設計標誌，報酬是好大的棉被跟枕頭，我騎著腳踏車載回來。發案方經常以教材或其他物品作爲酬勞，例如幫美語補習班設計圖案，當時發稿方就送我一堆英文教材，儘管酬勞微薄或給得很逗，但能接到這些設計機會，已經讓我頗有成就感。

大學畢業前，寄了自己的漫畫給一家製作公司應徵，居然被錄取了。我以武術人的身分到這家製作公司畫漫畫，招募我的總經理說：「我從漫畫裡面看到你充滿豐富的想像力，剛好有個單元是需要這樣的創作。」那時我眞的是熱血青年，每天從北投騎著車到光復南路，一進公司，就埋首伏案畫一整天，完全投入畫漫畫的世界裡。在電腦還沒像現在這麼進步時，完全都是用手工畫圖，因爲電視節目單元的需要，還會出現我的手繪作品呢。

很快地，我突然察覺自己連隔壁的同事都不認識，不曾交談過半句話。自己處在一個封閉的環境，對我來說很不利，只會讓一天講不上幾句話的我更加「自閉」，除了一份收入外，我完全變成一座孤島，與人斷了連結，我開始擔心再下去，可能眞的會迷失在自己的世界裡。我從那堆畫紙抬起頭來，選擇離開這份工作。

日後，逐漸認識到能提升自己能量的方式是以身移位流動，自己更適合自由換場域的生活方式，即使有了自己的教室，追著日光，位移教室裡的植物，也有種流動之感。身體不動，氣場不走；流水不腐，戶樞不蠹。

偶爾，在我的小書齋裡，還會翻翻過去的作品，雖然遺失了不少往昔的作品，只要看到其中一兩幅留存的畫作時，勾起不少讓我沉浸其中的回憶。

畫漫畫仍帶給我無窮的樂趣，也啓動我的想像力，再轉化成爲圖像，構思創作。尤其是涉及某些抽象的主題時，像極了「太極」的概念，看似抽象，實際上包含了許多身體裡旋轉周流的空間感，漩成一個個不斷循環的螺旋，或是在運行中絞轉延伸放達出那充滿了能量的氣韻，那更是需要敏銳的感受力和豐富的想像力，以形成身體的線條。這些線條、符號和圖騰並非單純的平面畫作，而是富有立體和空間層次的。

練太極時，我們視覺都是看到手，但手其實是最後成形的對象，就像潑墨畫最後暈開來，手被肩胛帶出去的，並不主動，而是胸廓打開，沿著身體輻射出去，提氣把肺打開，把氧氣納入胸廓，手是輕柔的，不是對抗的。風拂過楊柳隨風搖曳，手似柳絮，風乍起柳絮飛，整個身體充滿想像的畫面；畫畫亦是如此，在腦中反覆構思後，透過手和各種材料，把心思意念傳遞出來。

人與山近，便是「仙」，有植物的地方才有人間、有仙境，這一草一木皆有情；

園藝或許就像人間的天堂，也要有餘裕才能經營一片天堂。喜歡園林的作家劉大任寫到「腦有多少層次，園便容納多少層次；心懷多少想像，園也能體現多少想像。」在溫泉暈暈蒸蒸的北投長大，此地鍾靈毓秀，植物似乎長得特別茂盛繁密，自幼我就在綠意環伺的環境裡來來去去，沒有植物的空間，氣場好似就缺乏良好的疏通和循環。自己的教室一設立，終於有了空間，算不上園藝，我在各個不同角落裡都置放各種觀葉植物，其中以天南星科和蕨類最多，而盆栽的背後是送盆栽者的溫情與祝福。

課餘，我照顧這些植物，擦掉葉子上的灰塵、剪掉枯乾老葉，觀察陽光所來的方向，看著他們即使在室內，依然燦綠茁壯，讓這個空間跟太極一樣有機起來。在城市中，修籬種盆栽，悠然自得，同學來教室上課，得以尋一片恬適和篤實，調整能量，下課後回到自己的生活，安然前行。

番外篇 02

公益起「漩」，幫別人成就功夫小子夢

海洋反射著各種層次的光澤，晴空將海面染成藍色大帳，風輕輕吹動微微晃晃的浪，泛起靛藍、孔雀藍、花青、滄浪色的波光粼粼。十二月的臺東有點凍，還好有太陽掃掉些許涼意。我們正往金峰鄉的賓茂國民小學前進，這是我的漩能量傳授小朋友太極的公益首站。

從年輕時開始教太極，心裡卽有數我比較適合自由更換場域的生活方式。開設自己的固定教室後，就打定主意要利用場域流動進行公益教學，只要任何有需要傳授太極以強健身體的志工機會，我都樂意專程排出時間，全力以赴。

被《七龍珠》等日本漫畫陪伴長大的我，常惦惦地找一個角落，埋首在書中孩子悟空的成長歷程故事裡。悟空被帶出深山一起尋找七龍珠，要七顆龍珠合體，神力無敵的神龍才會出現。悟空和朋友一路上拜師學習武術，修行完畢後，沿途遇到各種魔人和大魔王，參加一回回的天下第一武道會，被打敗後再度修練。這套描述冒險、努力、友情、武功的冒險漫畫讓我對功夫小子嚮往極了。尤其我家還是武術世家，那我不更是名符其實的「功夫小子」嗎？

說來，我實在很幸運，竟然美夢成眞。好多小孩一心想當功夫小子，也聽過小孩自己離家想去深山拜師學藝的故事，能夠夢想成眞的應該是少數吧？

在民風相對保守的成長期間，父母竟然從來不太勉強我做什麼事，也不插手干涉我的喜好，想學武術，根本不用離家出走，更不必鬧家庭革命。我的第一個功夫師父就是近在眼前的爸爸，不但直接教導我，還挺鼓勵我學武。而出社會後，望似沒有固定工作，四處跑課傳授太極，爸爸都肯定這是有益人們身體健康的好事，嘴巴上沒說什麼，其實是默默讚許。

《俗女養成記》的作家江鵝談到她讀香港作家亦舒寫出這樣的金句：「如果沒有愛，那就很多很多的錢。如果兩件都沒有，有健康也是好的。」江鵝道：「讓人認知現實，這是濟世。」我也覺得這實在是了不得的金句體悟，再說有了前面兩者，沒有健康，不也都享受不到？

如果能用我的「漩能量」帶給成人活力與健康，幫小孩子圓功夫小子夢，豈不是人生一大樂哉？

車子駛過長長的東海岸線，進入排灣族部落，賓茂國小被四周的綠意環繞著，這是一座讓孩子們如魚得水的學習環境。晌午，正值學校低年級下課時間，音樂透過喇叭放送，幼兒園的小小孩們就開始照鏡子扭動起舞，他們的身體果然是那麼靈動自如。

松淑惠校長朗笑迎人，腳步輕快，聲調昂揚如鈴鐺卻不刺耳，既活躍，又有絕對不會讓任何人失照顧的體貼。學校會議室的櫥櫃裡擺滿大大小小的冠軍、亞軍獎盃，季軍盃很少，湊近一瞧，都是籃球、足球還有體操的常勝軍，松校長說：「孩子們在運動中可是自信滿滿的！」

這般晴朗的冬季應該可說是臺東最舒適的天氣，棉花糖般的白雲慵懶地掛在如洗的一碧蒼穹間，傍著一棵高大的肯氏南洋杉與隱藏在側邊教室後的海岸山脈，形成相互呼應的墨綠色系。賓茂國小的高年級生各個輪廓像是雕刻刀刻出來的線條分明，眼睛無不炯炯有神，穿著紅色T恤站在如織毯的茸茸綠草地，在日照下，他們的健康膚色披著一層光，聽著口令整隊。

孩子們精力正盛，尤其又是體育健將的校隊成員，恰是練太極拳最好的階段，只要掌握要領，都能成爲身手俐落的功夫小子。無論是練腿力的甩腿、蹬腿、朝天蹬、高度過肩的提膝、手臂繞肩劃圈、左右雙手握拳發勁、連續出拳等動作，反覆做個三、四遍，每個孩子都能行有餘力地做準確，立刻有了功夫小子的架式。想起金庸武俠小說《倚天屠龍記》裡，張三丰教年少的張無忌練功，徒弟迅速抓到要領學會師父的精髓，張三丰當場內心暗自嘖嘖稱奇，碰到好苗子，那可眞是爲師最欣悅的事。

出道教太極以來，雖拙於人際往返，卻老是遇到善待我的人，他們爲我捎來各種機會；我未必能直接回饋到這些曾經的善意，因此，我發願期許自己若有一天能行有餘力時，要透過太極公益傳授，不僅讓孩子們體會當功夫小子的趣味，同時也想爲長輩盡一份心力，尤其在我們已進入高齡化社會的未來。

根據內政部統計指出，二〇二二年臺灣人的平均壽命是七十九．八四歲，而不健康餘命八年，換句話說得靠他人照顧的時間長達八年，不僅久病床前無孝子，老人家也過得了無生趣，更耗費社會資源。如果在世時都擁有健康餘命，有益於長輩本身、家人，更可讓社會資源挪作更急迫之用。

BBC曾於二〇二三年的報導指出一項研究，其中的研究人員把太極和快走進行比較後發現，太極在降低血壓以及其他心臟病危險因素方面，例如血糖高低和膽固醇，效果明顯比快走好。而香港大學蕭明輝博士(音譯，Dr. Parco Siu)十餘年來一直在研究太極的健康益處。他進行一項「以改善有輕度認知障礙老人的認知功能」研究，把每週練習三小時太極運動與常規有氧運動和肌肉強化活動相比較，他們發現大腦功能出現了全面改善，但那些練太極的人改善速度更快；並發現太極比其他運動能更快改變記憶力和思維靈活性等大腦功能。

這些研究在在證實太極有益於長者。而漩能量更是凝鍊太極的精華，我收斂成螺旋十三式，以由外而內的螺旋動作，旋開糾結已久的身體架子，讓五臟六腑不再被擠壓，把能量漩到神經的末梢，喚起被遺忘的身體各部位。如此未雨綢繆，練的時候專注練，年齡哪會是問題？

教室穩定後，如今的小小心願就是哪裡若有需求，邀我去傳授太極，我就去，等於是讓我回饋出道以來的那些善意種子，在各地開啓漩能量。能以潘靖太極螺旋十三式行走公益之路，不也是發揮我祖輩阿祖婆和伯公匡時濟世的DNA嗎？

漩能量　潘靖太極螺旋十三式&動作分解

人體穴道圖

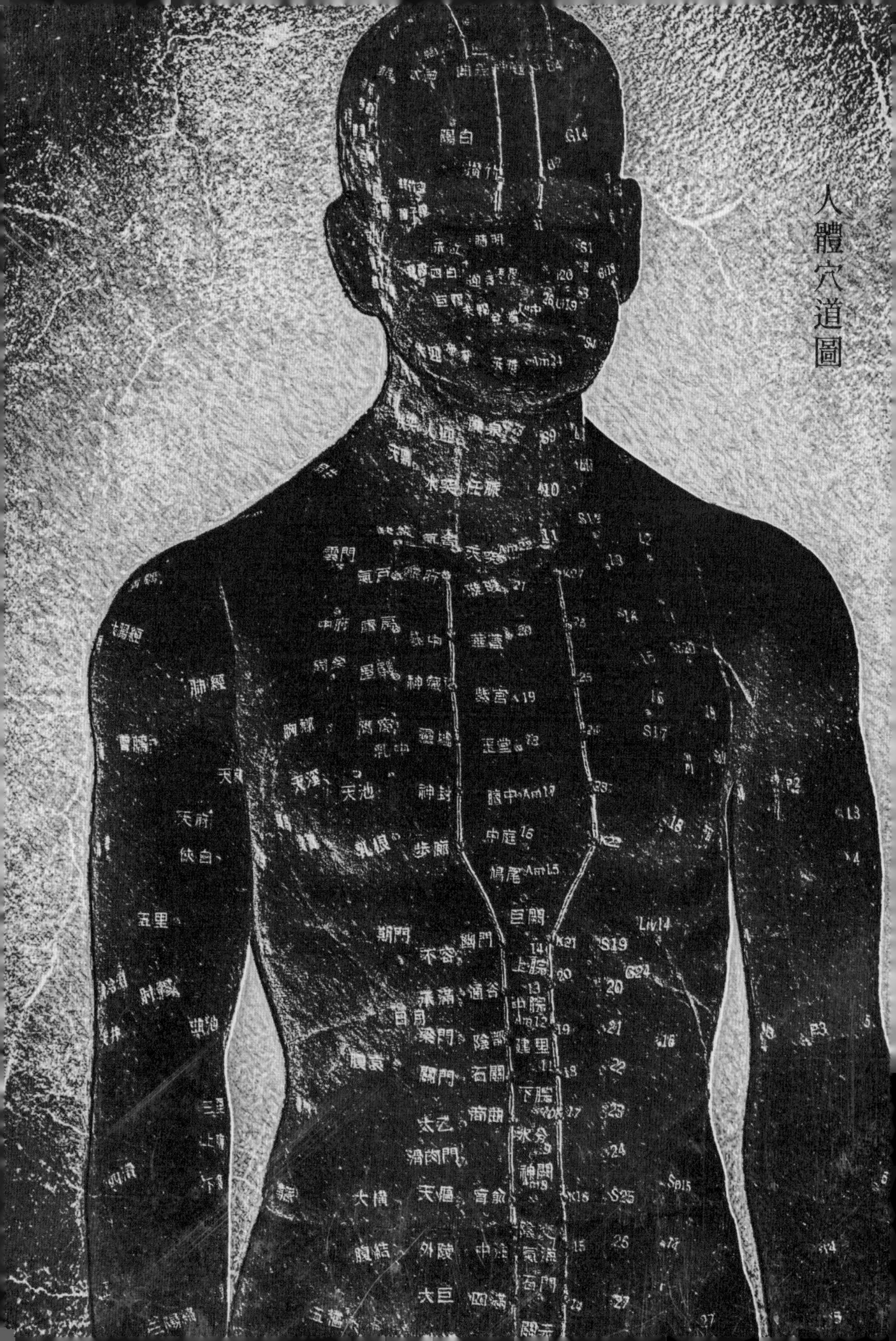
陽白
G14
雲門
氣戶
中府
庫房
華蓋
神藏
紫宮
屋翳
玉堂
天池
神封
膻中
天溪
天府
俠白
中庭
步廊
乳根
鳩尾
巨闕
五里
期門
幽門
不容
上脘
承滿
通谷
中脘
日月
梁門
陰都
建里
腹哀
關門
石關
下脘
太乙
商曲
水分
滑肉門
神闕
大橫
天樞
肓俞
腹結
外陵
中注
氣海
石門
大巨
四滿
關元
肺經
Liv14
S19
K21
S17
Sp15
S25

【第一式】

輕

擴胸引得宇宙入
年長梳髮不求人

膏肓

《左傳》·〈成公十年〉記載，西元前五八一年，值春秋時期，晉景公病篤。找來彼時名醫——醫緩，又稱扁鵲先生，爲他治病。扁鵲還沒趕到時，景公夢見兩個童子，其中一個童子說：「扁鵲是高明的大夫，他來治病，恐怕會傷害到我們，我們得躲到什麼地方才安全呢？」另外一個童子回答說：「我們躲避在肓之上，膏之下，就算是醫術這麼高明的良醫，又能把我們怎樣？」

扁鵲一到，診斷過後斷言道：「疾不可爲也。在肓之上，膏之下，攻之不可，達之不及，藥不至焉，不可爲也。」這番話說成白話就是，疾病已經到了「肓之上，膏之下」，這個部位沒辦法灸，也沒辦法針，用藥的藥力也難以到達這兩處，病到了這裡，已回天乏術。

晉代葛洪的《肘後備急方》，也提到過「膈中之病，名曰膏肓」的說法。

古人肯定了膏肓的重要性，但它的穴位究竟是在哪裡？

膏肓，根據許慎《說文解字》的解釋是：膏：「肥也，人脂」；肓：「心下膈上」。「膏」指的就是心尖的脂肪，「肓」指的是心膈之間的膜，歸於膀胱經，位置在肩胛骨旁的後背。人體膀胱經上有一個大穴，雙手交叉緊抱雙肩，將肩胛骨打開，從大椎穴向下找到第四胸椎棘突下，再旁開三寸處就是，後來人便以此穴為成語「病入膏肓」，指病危到無法救治的地步，也用以形容事情到了無法挽回的地步。

既然膏肓對人體健康如此重要，可以多做旋肩開胸廓的導引動作，來預防那兩位童子躲在膏之下與肓之上的無可救藥情況產生。

肩頸是人體的十字路口

頭部和胸部這兩個位置因為頸椎而分離，頸是大腦的總開關，頭部和面部的血液都要經過肩頸。就像是人體的十字路口，是大腦與軀幹的連接處，是人體最重要的「交通要道」。一顆人頭重約四、五公斤，一旦低頭伏案的時間太久了，會帶給頸椎極沉重的壓力，進而導致肌肉出現異常，大椎容易鼓起，肩胛容易聳起，早期叫「富貴包」，現在叫「奪命包」，就像線路系統打結，肩關節活動變得不靈活影響氣血活絡，得要能夠虛靈頂勁，運用督脈將氣帶上來。我們的腦有一．三到一．五公斤，腦雖然這麼小，卻要用到全身含氧量的二%。所以當肩頸縮著而聳肩，胸廓打不開，氣血就上不來，氣進不來腦的含氧量就不夠，引發頭疼，血壓不穩。

提起肩膀，讓自己一輩子都能舉重若輕地像周星馳一樣輕鬆自主的梳頭髮！

動作分解：

1. 初學者兩腳微微打開，待熟悉動作後兩腳自然的靠攏。
2. 重心先落在左腳，從右肩對著左胯、要感覺到右臂背後的斜方肌肉有拉到。
3. 身體要立身中正，右手臂借勢旋提、沿著肩胛骨的軌跡、將胸廓打開。
4. 待落到與肩平行的角度時，停一下，手肘微微彎曲，手臂放鬆，感覺到背夾肌，手指朝大拇指的方向延伸。
5. 著肩胛骨慢慢的落下，同時沉肩下來，再順勢提氣上來。
6. 下來的時候稍微停一下，將手臂多餘的力量卸下來。
7. 上來的時候吸氣，下來的時候吐氣。手臂輕靈放達，肩胛順勢鬆弛下來。
8. 做的次數由少變多，循序漸進。
9. 接著我們換左手旋提上來，左肩對到右邊的骨盆，沿著左邊的肩胛骨提氣上來，再緩緩慢慢地落下。

小叮嚀：肩頸較緊繃的同學不要旋提太高，動作循序漸進，要讓肩胛裡的筋骨柔軟後再調整高度。

請掃 QRcode，一邊觀看影片，一邊動作。

【第二式】

亂

胸懷展開來
肢體凌亂舞

手向上舉 氣勢提振

人高興到極點時會手舞足蹈，特別是手臂的動作像是離開地心引力，不受重力束縛似的。當足球運動員射門進球那一瞬間，只見他們兩手一提振臂一呼，高高舉起雙臂代表膽氣、力量、血氣、衝撞和直擊目標的企圖心，繼而展現出極富感染力和穿透力的魅力，以及生氣盎然的活力。相反地，當一個處於低潮的人，兩手就像失魂落魄般，下意識地僵住自己的手臂。

足見我們在舉手投足之間，會呈現出自身的氣場能量。手向上舉，人的氣勢就會得到提振。

我們的手有六條經絡：心經、肺經、心包經、大腸經、小腸經、三焦經。當我們提氣振臂時，代表這六條經脈氣血飽滿圓潤，於活動兩手臂的同時，氣血也貫通於這六條經絡間，氣血流動才能排出鬱積內臟裡的雜質，而達到去邪扶正、固本培元。

肩井穴對湧泉穴

再者，提肩胛骨上來，但落下時，肩胛要鬆沉，而不是手臂放下，手臂跟肩胛的位置是不一樣的，我們必須要鬆弛在肩上的大椎與肩峰端連線中點的肩井穴——乳頭正上方與肩線交接處的一個穴位；這肩井穴位就像是一位身懷絕技的掃地僧，不顯山不露水，卻是暗藏深厚功力的穴位。

古人爲穴位命的名都意味深長，這個井是爲汲水而挖掘的深洞，從膽經上部經脈下行而到地部經水達至肩井後，經水由本穴的地部孔隙流入地之地部；井，在古代有井田之法，「井開四道，而分八宅」，即四通八達也。又古代日中爲市，交易者匯集於井，後世稱爲「趕集」，又叫「市井」。肩部與諸陽經交會，有很多治症極爲複雜，猶如各病的市集，因此名爲「肩井穴」。

經絡學謂：「肩井穴，主頸項強痛、肩背疼痛、疏通淤堵、調和氣血、舒經活絡、理氣止痛、清熱散結。」

有井必有泉，有泉方有井，一口井、一眼泉，這泉就是腳底的湧泉穴，肩井的井能往下鬆沉，才能讓肩井穴的這口井能往下看到「問渠哪得清如許」，爲有源頭活水來的泉水；所以肩井往下，湧泉往上，鬆開肩井穴如四兩撥千斤，開一穴就能調節整個膽經的氣血。除了有空捶捶後背、揉揉肩胛，平日多做旋肩提臂，保持肩頸氣血循環的順暢，避免寒氣把肌肉經脈捆綁得緊緊的，因爲血遇寒則凝，血液會瘀堵了。

動作分解：

1 兩腳打開、調整呼吸、讓氣息和順。

2 緩緩的先從右肩旋提、往左前方對角線，脊椎往上延伸，將胸廓打開，暢胸拔背沉肩落胯。

3 身體要立身中正，沿著肩胛骨的軌跡、慢慢的落下。

4 接著，左肩順勢提氣上來，上來的時候吸氣，下來的時候吐氣。

5 接著，換右肩旋提上來。

6 兩手臂連結，像數學的無限大一樣，慢慢延伸擴展。

7 骨節是圓的，所以是交錯縱橫的路徑，不是直線。

8 動作由低，再緩緩抬高。

小叮嚀：關鍵是肩胛落下，讓肩胛的肌肉放鬆，肌肉鬆開空間打開，肩井穴不堵，氣血順暢，一開始如果提不上來的千萬不要硬抬，順著自己能做的角度逐漸調整，長期練習讓手臂活絡起來。

請掃 QRcode，一邊觀看影片，一邊動作。

【第三式】

擴

天下由來輕兩臂
老來更衣全憑己

身體就像一座高度精密的機具，平日就得轉動保養，尋常生活裡適時活筋動骨，方能運轉得當。

現代人高壽者多，但有健康餘命才是眞正有福之人。年屆八、九十歲時，本以爲許多動作會很吃力，竟然能以一己之力、不假手他人自如地穿脫衣服，自理能力毫無問題，輕而易舉地處理自身的日常事務，那是何等幸福呀。

胸腺是人體很重要的免疫器官

探索肩胛到手的動作是來於胸廓的開展，帶動到手；胸廓能開展，來於腹部丹田收腹的提運；提運的來源，來於鬆腰落胯沉跟，跟一下沉接地氣，借地之力推蹬而上，如同電影《星際效應》的臺詞「牛頓第三定律，人類解決困境到達新境界的唯一方法，就是學會放下。」放下，就身體而言首先是鬆垂下長期緊繃狀態的肩膀，唯有沉肩才能打開胸廓，空間打開落在胯間下到腳跟，再借地之力再提起，而兩手旋提將胸廓空間打開。

在我們的胸骨後方，距離心臟很近處有著人體很重要的淋巴器官——胸腺，胸腺形似蝴蝶，是T細胞的「生產車間」，是T細胞分化、發育、成熟的場所，很多疾病的發生包括感染、甚至腫瘤，都和胸腺的退化有密切的關係。

胸腺是人體很重要的免疫器官，只是隨著年齡增長，加上長期低頭伏案，胸腺逐漸退化和萎縮。因此可多做旋肩提氣擴胸運動，來提升胸腺的活絡。

從中醫角度來看，胸廓打開有一個很重要的穴位叫膻中穴，膻中穴與胸腺位於同區域，距離心臟很近，位於「胸之內、肺之間、胃之上、心之外」，歸屬任脈位於兩個乳頭連線，在正中間胸骨的中線上，第四肋間隙，這個穴道可以加強心臟功能，使五臟六腑的氣更順暢，身體就不易堵塞、心情就不易鬱悶，所以膻中穴擅長調節情志。

旋肩提氣擴胸 刺激喜樂穴

中醫認爲刺激膻中穴能讓心胸開闊，可改善因情志不暢而引發的氣滯、血瘀、痰凝，還可活血通絡，寬胸疏理氣血，呼吸舒暢，止咳平喘等功能。膻中穴又叫「喜樂穴」，當人的心情非常悲痛與懊悔時，就會捶胸頓足用拳敲打胸部，跺着雙脚。這敲打的位置就是膻中穴。

《黃帝內經》認爲「氣會膻中」，也就是說膻中穴是人體之氣匯聚之處。膻中穴又是心包募穴，是心包之氣血流注到胸腹部的一個重要節點。因此膻中穴具有舒暢氣機、調理情志的作用。

動作分解：

1 先將兩手臂交叉，上半身微傾。

2 上來時吸氣，用尾椎輕柔搖曳將脊椎骨往上延伸，順勢將胸部打開。

3 手隨著胸廓的開展，順著肩胛骨的路徑旋肩上來。

4 肩膀下沉，兩手臂打開放置於兩側肩膀，同時往外放達出去。

5 同時繼續下沉，將力量引導落到腳底。

6 兩隻手臂像落葉般輕靈的下沉垂落後，重新調整，再從腳底沿著脊椎往上旋提，像伸懶腰一樣，胸廓打開肩胛鬆沉。

7 反覆練習速度不要快。此動作主要是要打開胸廓的空間，借勢旋提上來，硬是要把手舉起來容易拉扯肌肉，導致原本緊繃的肩頸更加緊，甚至受傷，欲速則不達。一定要順著自己能做的角度逐漸調整，長期的練習讓手臂自然活絡起來。

小叮嚀：一開始如果有五十肩、冷凍肩或筋骨很緊，提不上來的同學，千萬不要硬抬。

請掃 QRcode，一邊觀看影片，一邊動作。

【第四式】

開

開步似弓似劍
拳在前 掌在後

正面盪肩、掌拳並用

《射雕英雄傳》裡的老頑童周伯通喜歡左右互搏，一拳空明拳和一掌降龍十八掌；出掌的手法轉為拳法，出拳的手法轉為掌，拳掌相互轉換，相互變化，讓大腦均衡發展、更加靈活，運用促進大腦的功能，使其潛力迸發。

「拳」這個字始見於戰國文字，人手握曲成，便是「拳」了。「掌」是指手張開、攤平的狀態或動作。

我們常說人是「思想巨人，行動侏儒」，面對事情總是困於想而破於行。身體就是要行動，得常常適度的活動起來，否則用進廢退，懶得動就會退化萎縮，等到發現時已是老寒腿加關節炎。雖說薑還是老的辣，但關節可是越老越稀微，保持身軀的彈性，活絡鼓盪起來，柔筋伸展筋骨，氣血才能通暢。

兩腳打開呈現弓箭步，前腳為弓後面為箭，可以刺激活絡腳；手臂前後自然盪肩擺動，順勢交換，放鬆肩胛，手的反應，同時能活躍大腦。

訓練手腦協調、鍛鍊思維能力

擺盪肩胛時，前面的手握拳，後面的手變掌，可訓練手腦協調、鍛鍊思維能力。人的左右手分別歸屬右左腦，左半腦負責我們右半身的動作，而右半腦負責左半身的動作，通過鍛鍊左手可以調節右腦功能，鍛鍊右手有利於調節左腦的功能。

右腦主管抽象、創意思維能力，圖形記憶、繪畫、空間幾何、想像音樂、美術、技術等方面，多鍛鍊左手，能提高右腦豐富的想像力，敏銳的感知力，加強思維能力。

我們多鍛鍊右手，自然就會強化左腦的理性思維，語言、概念、數字、分析、邏輯推理等等理性半球。

左手和右手的交互變化，左腦和右腦的連接協調，左右手均衡發展，左右腦雙腦並用，積極探索開發。

動作分解：

1 腳爲弓箭步分開，先從高姿，不要蹲太低，力量坐落在大轉子，不要在膝蓋上。前股四頭肌和臀部肌群，後側肌群也參與來支撐穩定的作用。

2 手臂前後自然盪肩，上來的手在身體中軸。

3 前面的手握拳，後面的手打開爲掌(剛開始不習慣拳掌的變化時，動作慢一點)。

4 待熟悉後自然擺動順勢交換。放鬆肩胛，刺激活絡手的反應，同時能活躍大腦，前後腳打開，避免年紀越大腳越邁不開步伐，讓胯關節常期活絡保持彈性。

5 換腳，一樣也是弓箭步。

小叮嚀：一開始姿勢站高，不要一下蹲太低，兩手自然擺動，拳掌的轉換自然就好，同時出拳或出掌也無所謂，慢慢練習就可調整出來。

請掃 QRcode，一邊觀看影片，一邊動作。

【第五式】

甩

兩手提甩水壺浪
前浪後浪 浪滔天

扭動背脊一躍而起

我們看脊椎動物天生就擅用自身的脊骨，如魚之游、獸之搏、禽之撲等。像洄游魚類會奮力拚命，猛烈的扭動背脊一躍而起。

青藏高原雪豹匍匐前進伏擊獵物，脊椎伸縮靈活，牠們可以一躍十五公尺之遠、六公尺之高，捕食身體重量三倍於自己的動物。狗狗洗好澡時，會立即抖甩乾渾身的水。萬物百獸的運動力量均源自於脊骨的開合，連驢打滾、熊蹭樹用的都是這種勁，這正是發勁的道理。就像是白居易〈琵琶行〉裡琵琶一彈聲勢雄偉，開弓飽滿倏一聲箭疾速奔出，如銀瓶爆破，水漿迸濺，又如橫空殺出來一隊鐵騎，刀槍齊鳴。

發勁

發勁是傳統武術的術語，發勁時瞬間是緊，隨之而鬆弛，一張一弛。一般來說，發的勁是要活活潑潑、要鬆弛、要充滿彈性的、是全身整體的、柔韌有餘的；發勁指的是鬆、活、彈、抖的勁，內容要有丹田的鼓盪之力，有腰胯的抖擻之力，和肩背的翻浪力合而爲一，發勁的味道才好看。太極絕非一味強調慢啊、柔啊，當筋骨柔軟之後，身體充滿了彈性，才能在雷霆萬鈞之中展現陽剛之氣。

勁的發放，首先下盤要站穩，腳一蹬地力，從地起沿著脊骨節節貫穿，就像是有一個浪頭由腳開始向上滾動，尾閭一動丹田自然翻江倒海，內動潛轉，於是產生鼓盪之力，從脊骨、腰椎間提、放、卷、縱、扭、轉、開，在翻浪合而爲一，然後再從手臂洩放出去，如長江之浪，一波而三疊。意到、氣到的深透，勁力不絕，排山倒海奔騰發勁，能游刃有餘地銜接動作的柔軟，張弛有度的變化，賞心悅目。

動作分解：

1 前後腳分開呈現弓箭步。

2 兩手放鬆，肩胛鬆沉。

3 從腳底推蹬、吸氣收腹，氣貼背。

4 尾閭往前兜，力量就沿著脊背往上走了。

5 尾閭中正神灌頂，脊椎延伸，中定垂直，胸廓打開，兩手發勁出去，同時吐氣發出聲音。蓄勁時就像拉滿弓，發勁時如離弦之矢。

小叮嚀：發勁時手要放鬆，才不會變成是用手臂的力量發勁，手肘要一直保持豌豆般的彎，打直會容易受傷。

【第六式】

補

舌頂顎　盤盤膝
轉轉腰　補足氣

找回被遺忘的屁股、被荒廢的腸胃

小孩子屁股後面有三把火，冬天穿開襠褲都不畏寒。小時候我們會在田野奔跑、爬樹摘果、偷翻牆逃課、大量使用身體；長大後坐著坐著竟然坐到變成冷屁股了，進化出來的屁股給坐回退化了，與屁股漸行漸遠漸不動，屁股自己也忘記了它叫屁股。人類能在地球上演化出站立直走，筆直挺拔，全賴這個進化的屁股；它不動，自然會影響到腸胃的蠕動；中醫說六腑要常空，裡面的糟粕之物一定要瀉出來，現代人卻往往空不掉。宿便是萬病之源，很多人受困於便祕問題，這就是六腑之不空導致我們身體的病變。

所以要用最補氣的地板動作，找回一個被遺忘的屁股，還有被荒廢的腸胃。

人體的帶脈，如太上老君捆仙繩

從中醫經絡學認爲我們有二十條經脈，其中十九條經脈都是上下縱向而行，只有一條橫向左右環繞運行一圈，把上下直行走向的經脈用一根繩子繫住般，統束全身的經脈，狀如束帶，故稱帶脈，是人體奇經八脈之一。

這個帶脈猶如太上老君捆仙繩，一通濕氣疏洩脾胃運化，啤酒肚消失；

二通腸胃蠕動毒素排出，水桶腰不見；三通氣血相濡，丹田暖暖熱。

帶脈也像是束縛豎型木板老木桶外面的橫行繩索。一旦繩索破損或鬆動，組成木桶的木板就會散架。因此帶脈若是堵塞，就會使身體多條經絡在腰腹處堵車，經絡瘀堵，氣血運行就不通暢，腰腹部就會感覺寒涼，小腹及其以下部位自然就肥胖了。

盤膝轉腰的方向就是帶脈，多動多做多練習把帶脈疏通活絡起來；臀部多動，六腑常空，我們就能把宿便奉送啓程啦。

動作分解：

1 盤膝轉腰(單盤)，右腳先在上，調整呼吸節奏緩慢，兩唇輕輕的微閉，舌頭輕輕的連上顎，橋搭任督二脈。

2 兩手掌心相對輕輕的搓手，切記不能太用力，免得燒焦。

3 中指往手掌心方向壓下來的位置爲勞宮穴，勞宮爲心火之竅，兩手輕輕的放在膝蓋，膝蓋爲腎水之竅，水火相濟不冷不燙。

4 眼睛閉目垂往左邊的方向下去。

5 右肩對到左膝蓋的角度，稍微提一下其感受必須在右邊的臀部，在環跳穴的腰間縫隙裡。

6 臀部骨盆重心位移到中間，上半身往前與地板成爲水平方向，臀部尾椎可以微微離開地板，從尾往脊延伸到頭頂，肩膀同時放鬆。

7 繼續緩緩地往左邊位移。

8 左肩對右膝，感受必須在左邊的臀部，在環跳穴、在腰間縫隙裡。

9 接著提氣上來，從尾椎胸廓打開，肩膀放鬆，抬頭閉目，動作完成再從頭開始。

10 不追動作的次數越慢越好，最後再換左腳在上面，一樣單盤的運行。

小叮嚀：倘若單盤覺得不舒服就散盤。眼睛一定要閉起來，之所以很補氣，是因爲兩手放在膝蓋，兩腳相連，全身相連，最關鍵的是閉目垂簾，隔絕掉八〇%都是從眼睛進來的外在訊息，才會不被干擾，往內歸復不耗損能量，自然很補氣。

請掃 QRcode，一邊觀看影片，一邊動作。

【第七式】

緩

久蹲不遲滯 緩緩漂亮浮起身

菜市場有一位賣菜阿婆，清早就到市場擺攤，我媽媽習慣買她的菜。有一段時間，連續好幾天都沒看見阿婆出攤，問隔壁攤鋪的老闆，才知道阿婆那一天蹲著整理青菜，可能是蹲太久，突然站不起身來，眾人趕緊攙扶她才起得來。接著好一陣子沒看到阿婆，再見時，她都會拿張椅子坐著理菜賣菜。

全身氣機因此受阻

也聽有一位學生說在公園運動，耳聞一位老太太在廁所裡大喊救命啊救命啊。他趕緊跑過去一看，老太太上蹲式馬桶，蹲下去後卻發現站不起來，偏偏廁所沒設扶手握把，據說她已經蹲了半小時，不得不大喊救命。

俗語說：「人老腳先衰，樹枯根先竭」。爲什麼會蹲下去後起不來？我們骨頭之間的轉動靠的是軟骨和滑液，一旦髖關節、膝關節的柔韌度和靈活性不足，就會像電風扇的車軸潤滑油耗盡，轉得費勁不靈活，還會發出嘰嘰嘎嘎的怪聲，再加上肌力降低，軟骨磨損，經絡不通。

還有尾閭也是必須要活絡的。《莊子》〈秋水〉寫道：「天下之水，莫大於海，萬川歸之，不知何時止而不盈；尾閭泄之，不知何時已而不虛。」尾者，在百川之下，因而稱尾；閭者，聚的意思，水聚集之處，故稱閭也。那麼何謂尾閭?簡單來說就是人類本來有尾巴，後來演化到原先尾巴的接口，形成了骨化的尾閭，也是位於脊椎末端的尾閭，或叫長強穴，猶如古鐘中間的鐘錘。現代人久坐，不僅讓腰椎承受了巨大的壓力，更使得骶骨與尾骨長期處於受壓狀態，全身氣機因此受阻，容易悄然滋生各種疾病。

兩胯活絡沉腳跟

身體是一種用進廢退的有機體，經常使用就能活靈活現的，不常用就會退化萎縮。

兩腳分開坐落著旋轉，刺激大轉子是「培根潤源」的下盤功夫，這功夫下得越深，內勁質量越好。重心左右變化取代早期傳統不動的蹲馬步，重心落在側邊的胯，刺激骨盤與大腿骨銜接之處的大轉子，然後重心位移支撐腿的前腳掌，再回到同側大轉子，順勢旋提另一邊的大轉子，兩胯下落，尾閭中正提氣上行，重心再位移至一側，動作緩慢，以文火熬燉，慢慢鬆展腰胯，入骨入髓，活絡更深沉的筋骨，左右的位移，使肌肉不至於過度疲乏，且筋骨可以更有彈性，動作更加活潑；胯落沉根，讓氣力往下實，如泰山的穩定而異於傳統死板板的站樁，對於中壯年的學習有一個良好的鍛鍊，避免膝蓋過度的勞損。

動作分解：

1 將重心落下單一邊的胯，上半身前傾。

2 胸口貼在大腿上，重心在前腳掌，腳後跟自然離地，同時拉到阿基里斯腱。

3 順勢將身體重心拉回下到單腳的腳後跟，刺激胯的活絡，骨節在一個適度的量刺激，會產生骨液潤滑關節。

4 重量落到另一邊時，一虛一實，一重一輕順勢的旋提大轉子剛好落到兩胯重心，形成馬步姿勢，讓氣納丹田，沉入湧泉，下盤穩固後落地生。

5 尾閭穴一鬆一緊，頻率柔和，力度精微，有一股弱電感，輕輕刺激脊柱，脊椎打浪上來，直通泥丸宮。尾閭牽引骶椎韌帶，震動椎管裡面的腦脊液，還有馬尾神經。

6 用胯位移到另一邊，切記不能用膝蓋位移。

小叮嚀：看身體狀況和運動能力，不要勉強練習，要循序漸進地增加強度。

請掃 QRcode，一邊觀看影片，一邊動作。

【第八式】

破

展臂張腿放膽作
縱有破綻也無妨

只要下盤能夠扎得深，扎得穩，手臂動作隨意亂作都無所謂。隨著時間的前進、動作的熟悉，身體會調到自己的規律。

很多老拳師喜歡借用不同的樹來表達練拳的意境或精神，如風吹柳樹時，柳枝能夠搖曳生姿地隨風飄動，因爲其根不拔，身軀要有緔勁，要像風中之竹一樣充滿柔韌的彈力；風吹過松樹，樹幹不動，但穿過松針會發出摩挲的聲音，是因爲針葉之間有空隙，就是鬆，所以手要放鬆，但要鬆而不洩；腳要沉跟下去，下盤要重，但要重而不滯，用螺旋漩下去入土三分。後來我才得知有種樹叫胡楊樹，明白要漩得深，才能漩得廣。

在張藝謀拍的電影《英雄》中，我才知道有一種胡楊樹。張曼玉和著一襲紅衣的章子怡在樹林酣戰，背景漫天飛葉如夢似幻，原來那就是胡楊樹。而後聆聽紅遍大江南北的刀郎作品《喀什噶爾胡楊》一曲，滄桑的聲線與旋律，彷彿瞬間把人帶入大漠狂沙裡，眼前竟奇蹟般冒出兩棵枝葉交纏的胡楊樹。

胡楊樹佇立於乾旱沙漠中，任風吹、任沙埋，爲了適應惡劣環境，它的根莖能深達二十至三十公尺，水平根系更可以延伸至三十至四十公尺。也由於根扎得深、扎得廣，面對沙漠裡塵暴的肆虐，都能屹立不倒。而每一棵胡楊樹以千姿抵擋狂風吹拂，每一棵樹也呈現百態記錄了風的種種形態，彎曲、倒伏、仰天長嘯、鐵桿虬樹、形如蒼龍、龍盤虎踞。

動作分解：

1 旋肩盪臂。兩腳打開，左右推蹬，兩臂放鬆前後自然擺盪，剛開始動作比較生澀，就放鬆隨意。

2 兩腳鬆鬆垮垮地怎麼舒服怎麼站，膝蓋微微彎曲，不是站著也不是蹲著，好像有個高腳的小板凳輕鬆地坐著。

3 自然的左右位移，但每一次都有踩到地，借地之裡推蹬帶動兩臂的旋盪，左腳對右臂，是對角線一旋一提，胸廓開，手卽上來。

4 兩胯到中間，腹部丹田吸氣收腹胸廓開，剛開始會有一些身體的慣性。節奏隨時調整。

5 每次打開胸廓後，慢慢地鬆沉下去，重心左邊、右邊交互變化。

6 鬆弛的，不滯留，不停留，兩手順著盪出來，速度跟節奏，是搭配腳跟的默契，調整周身的狀況。

7 兩手臂如落葉輕靈下沉，又如飛起時展翅上揚。

小叮嚀：切記不要蹲低，免得傷到膝蓋，採取高姿，自然帶著一種隨風擺盪之勢。

請掃 QRcode，一邊觀看影片，一邊動作。

【第九式】

圈

順逆螺旋
無限風光在於圈

圈圈圓圓圈圈 螺旋纏絲的運手

螺旋像洗衣機一樣把五臟六腑上沖下洗、左搓右揉，洗滌乾淨同時還有除濕排水的效果；毛細孔像去角質一樣通透暢快，行氣如九曲珠，無微不至。

纏絲的螺旋如擰毛巾，兩頭對擰沿著縫隙才能疏通身體的淤堵，螺旋帶出把自己擰到一條線上，腳底借地力捻轉上来回的旋轉，走弧線，猶如子彈擊發時的運動軌跡。子彈通過槍膛中的來福線後，在空間運動時，既有螺旋形的自身旋轉，又有拋物線形的運動路線。

通過螺旋力以小力化大力，就是所謂的四兩撥千斤，螺旋的纏絲以丹田內勁作旋轉，渦流兜裹催動入深層，隨著動作的開合屈伸絞轉變化，連綿不斷，通過內丹的動力，將隱於內的傷濕寒之氣引出，內勁收斂入於骨縫，氣血流通，循經走脈，纏繞運行全身，使其浸潤於百骸之中遍布全身。

一個圈圈帶一個圈圈，無數的圈圈匯旋出一個立體的螺旋，從意動、氣動，兩腿站穩，往下扎根，尾閭搖曳擺動、丹田內旋轉動、脊椎波浪捲動。弧線、身形湧動，波浪起伏，假想自己的小臂像在浪尖上前進，拳從腰際出，略走上弧圈。

動作分解：

1 兩腳打開，左手放在肚臍，重心在右腳。

2 吸氣收腹的同時將右腳重心位移至左腳。

3 右手在胸廓打開時，順著重心的位移，由外而內逆勢螺旋纏繞進來。

4 再從左腳推的吐氣至右腳。

5 右手也隨之，往外位移螺旋纏繞出去。

6 單邊熟悉之後換另外一邊，右手放在肚臍的位置，重心在左腳。

7 吸氣收腹的同時將右腳重心位移至左腳。

8 左手在胸廓打開時，順著重心的位移，由外而內逆勢螺旋纏繞進來。

9 再從右腳推的吐氣至左腳。

10 左手也隨之，往外位移螺旋纏繞出去。

11 兩手單練習熟悉之後，接著銜接起來，呈現一個非常立體飽滿的逆勢螺旋纏繞的運手。

小叮嚀：手臂盡量放鬆，不要刻意用手去帶，免得提肩用蠻力。

請掃 QRcode，一邊觀看影片，一邊動作。

【第十式】

漩

能量綿綿不絕
漩起螺旋 像子彈爆發

第十式，是我呈現太極螺旋纏絲的獨特打法，也是領悟所學的核心。

小時候看老拳師瞬間速度的爆發力，很有力道，但是筋骨繃得很緊。畢業後，看熊衛老師那海內外孤本的螺旋，但多數呈現的都變成舞蹈的元素。一路上我像個獨行僧般沿途托缽，尋找著每一位陳式太極拳老師的特色，一點一滴的揣摩；單單一個動作我可以不厭其煩的反覆練習好多年，就像泰戈爾在《吉檀迦利》中的一句話：「最簡單的單調，需要最艱苦的練習。」極簡單極純粹，是經過千萬個執著與領會，終得有了一點通的體悟，想藉由這次螺旋十三式來體現我所學的核心於這第十式的「漩」。

二〇〇五年上海，那一場偶遇的「實戰」，我便是用影片裡的招式，反射動作般的應對。我慣常把背包肩帶背在左肩，當對方往我左側方向而來，他的大動作，我立刻察覺到不對。再看到地上的影子，我遂將背著背包的左肩胛放鬆，期待「肩井」能傾泄而下，讓「重力」完全落到左腳後跟，身體順勢轉身，對方應該是被我這氣勢驚彈出去。雖然日後回想也是會怕，但這招式我真的閉門練習太久了，那一刻，可說是我一個具體的反射體現。

動作分解：

這動作特別要像寫意畫般，不做細部分解，而是揮灑的寫意。身體以漩能量的方式，從腳底如細緻的工筆線條，快速完成立體飽滿的絞轉纏絲，有如來福槍發射出來拋物線的軌跡，以及螺旋自轉的軌道，身體好像加速的子彈，隨著空氣流動而動起來，動如濤、快如風，像海上濃霧一樣無形，螺旋向上纏繞，柔軟緩慢靜默無聲，但綿綿不絕，腳如根深植地下，突然泉水湧出；似海浪澎湃湧動，滔滔不絕；身形如風吹稻浪、丹田如浪翻騰、兩手臂如彈簧壓縮後，與左右腳同時分清虛實。先將身體如蛇捲曲起來，如防備蒼鷹俯衝而下的攻擊，等關鍵時刻以靈動之勢騰挪出擊，若弓開滿月，全身齊發如放箭。

小叮嚀：每一式都會有一個小叮嚀，這招式特別想用林徽因的〈別丟掉〉詩作——

別丟掉
這一把過往的熱情，
現在流水似的，
輕輕
在幽冷的山泉底，
在黑夜　在松林，
嘆息似的渺茫，
你仍要保存著那眞！
別丟掉，這一把過往的熱情，你仍要保存著那眞！

請掃 QRcode，一邊觀看影片，一邊動作。

【第十一式】

速

挽弓翹首天際
飛箭急速奔射

身法放第一

練武，身法最重要。明代名將戚繼光是一位武學高手，他就把身法放在第一位。戚繼光在《紀效新書》〈拳經〉中敍述：「拳之修習，需要身法活便、手法便利，腳法輕固，進退得宜，腿可飛騰。而其妙也，顚起倒插；而其猛也，披劈橫拳；而其快也，活捉朝天；而其柔也，知當斜閃。」曩昔的拳師們持除了努力修習的身影外，就是要把身法放在第一位。

水柔弱甚至無形，但《孫子兵法》說：「激水之疾，至於漂石者，勢也。」白話說，激流的水卻能夠讓石頭漂起來，這就是「勢」的表現。所以兵無常形，拳無定式，各家的拳法有的是以拳勢而立，有的則是以套路組成，各有各自的特點並且自成體系。《一代宗師》裡最經典的「不比拳法，比想法」，即是說順著自己的理解認知加上身體的變化而調整，也隨著時代發展，不拘形式，跳脫出傳統的窠臼，不見輕舟過，也願你獨自穿越萬重山，在虛無中觀風景。

反覆的螺旋纏繞

這一組連續發勁的動作，結合了太極的小套路，動作起承轉合的運行，方向左右位移、上下變化，螺旋旋轉的發勁，起跳落點，讓動作連續不斷連串起來形成，訓練起自己的手、眼、身、法、步、精、神、氣、力、功的協調配合，還有身體與空間進退的變化。一個人要帶著穩定與秩序感的節奏是很重要的，讓身法靈活，手法敏捷，步法輕快，腿法穩固，不管前進後退、急速騰躍都能順著自己的節奏，很純熟的連貫起招式與招式之間，再找出身、手、腿的螺旋變換，進退摺疊才會依序進行。從陌生到熟悉，從動作的模仿，再到隨心所欲而不踰矩地展現自己的風格、節奏、氣韻，反覆的螺旋纏繞，從身體打開九個骨節的疆界，太極導引的纏絲到陳式太極拳法螺旋的銜接讓身法靈活運用，依規矩、脫規矩，尋規矩找規矩，最後不拘形式，能剛柔相互轉換，快慢相間的發勁，提高鼓盪頻率的振幅，然後意氣風發，好像挽雕弓如滿月，翹首天際射天狼星，飛箭急速奔射。

動作分解：

右左雙手握拳發勁、左右雙手握拳發勁、含捲雙手交插、立單腳丹田翻轉兩臂彈出、左手掩護右手發勁出拳。

一　右左雙手握拳發勁

1　雙手握拳，弓箭步，左腳爲弓在前，右腳爲箭在後。

2　兩拳甩下，提左腳，兩拳盪起。左腳落下，右腳在前，兩拳甩下。

3　下盤站穩，兩拳捲至腰，左腳在後右腳在前，兩拳於身中間發勁。

二　左右雙手握拳發勁

1　雙手正面衝拳，右腳爲弓在前，左腳爲箭在後。

2　兩拳甩下，提右腳，兩拳盪起。右腳落下，左腳在前，兩拳甩下。

3　下盤站穩，兩拳捲至腰，右腳在後左腳在前，兩拳於身中間發勁。

三　含捲雙手交插

1　左腳在前收右腳。

2　身體的左右像魷魚乾一樣，一烤就捲曲，兩手交叉，氣下丹田。

四　立單腳丹田翻轉兩臂彈出

1　重心在左腳，如水之漩渦，力從地起，擰轉丹田。

2　胸廓彈開，將兩手彈開，左腳站穩獨立步。

五　左手爲掌掩護右拳發勁

1　右腳落下震地，左腳跨步出去，兩手向外打開捲。

2　左手在前延伸爲掌，像狙擊手一樣的掩護右拳，同時瞄準目標。

3　右手爲拳蓄勁放置腰胯。

4　右拳蓄著，氣沉下至腳底。

5　借地的反作用力以重心快狠準，一拳卽中。

6　蓄勁之後再發勁，整個脊椎蜿蜒起伏，靈活多樣；再從頭開始反覆練習。

小叮嚀：套路動作先熟悉，不可一下子急著發勁，如此容易使用到肌肉的蠻力。要循序漸進，以柔克剛，以退爲進。

【第十二式】

洄

丹田吐納迴旋
巨濤澎湃洶湧若連綿螺旋

宇宙持續散亂的狀態，越變越亂叫做「熵增」；越來越有條理則是「熵減」。人生也不免遇到熵值增加的時刻，剪不斷理還亂之下，身心陷入其中，會一直耗損。

當熵值增加時，身體需要出口，可以用消耗最少的能量的迴旋，讓自己與自身不斷地打交道，重點不在於應付動作的本身，就如同編繩，兩股謂「纏」，絲則是輕、柔、有彈性之物。所以「纏絲」即是透由大量地絞轉腰胯、骨縫、命門，俾使活絡腹部丹田，產生內旋之氣，由此帶動身體的氣力，由向心力的凝聚，再往外輻射出去，成為離心力，這中間所蘊生的排山倒海之勢，時而順時針，時而逆時轉，交替旋轉，周而復始，循環往返，連綿不斷，兩手運轉像車輪，小臂和大臂保持像豌豆豆莢般的彎弧線，下盤盤穩，上盤好像潑墨畫般瀟灑地呈現，展現太極的活潑度及螺旋的提升。

一個圈圈帶一個圈圈，如環環相生，綿綿不斷，沒有開始沒有結束，一個帶一個。借大地的力量，身軀開展，納入天地之氣。

動作分解：

1 左手放置肚臍，右腳跨步出去。

2 兩腳鬆弛下去，腹部丹田尾閭翻江倒海，疊盪脊椎，提氣上來胸廓打開。

3 如波浪一波波推進帶動兩手旋臂轉腕。

4 手部螺旋，右手放大螺旋，左手在原位螺旋。

5 隨著兩腳左右的變化，帶出上下的跌宕，兩手交會。

小叮嚀：從丹田開始纏繞，找到身體螺旋的規律和秩序，循序漸進。

請掃 QRcode，一邊觀看影片，一邊動作。

【第十三式】

逆

在某一本專寫古代一些著名文人的異常死亡的書中，作者下的結論是那些年異常死亡的文人都是得罪皇權，他們登出人間的身體樣態都是脊椎過度僵硬，缺乏彈性，可見多麼驚恐惶惑。

二十一世紀的民主社會，無需擔憂得要配合專制者的喜怒，大可以身體來呈現軟實力，一種不卑不亢的內在力量，好好練軟練柔身骨，用以柔克剛的身段，暢通氣血循環，自然能心平氣和與人無負擔地相處。

大馬哈魚逆流而上
通往時空隧道之逆行

督脈率領周身的陽氣，是人體健康之本

《莊子》．〈養生主〉：「緣督以爲經，可以保身，可以全生，可以養親，可以盡年」緣督就是順著經絡，經絡分布最密集之處在於脊椎兩側。古人養生首重脊椎的保養之道，都說百病起自背脊，因爲脊椎部位的督脈，就是武俠小說裡著名的任督二脈中的督脈，是諸陽經脈的總綱，督脈率領周身的陽氣，是人體健康之本。

然而，隨著年歲增長，脊椎骨節的空間經長期擠壓，彈性越來越不足，我們的身體越長越矮，氣都往下，提不了，因此要多做旋脊延伸往上提氣上揚。動作是由下往上逐節推動的，經尾椎，達於腦和巔頂，像大馬哈魚能夠疾馳飛奔跌宕，讓這個由二十四節脊椎和一塊骶骨和尾骨構成

的脊柱，它的椎體和關節間有足夠的孔隙，氣和血液能夠順暢的流淌、分布。脊椎要柔軟保持彈性，特別是我們的尾椎骨等於是我們的緩衝墊、避震器，它們越是柔軟越有彈性，我們出門在外就等於多了一分優質的安全配備。

供養五臟神廟

五臟六腑都在脊椎裡面，五臟爲心、肝、肺、脾、腎。中醫認爲，五臟藏五神，分別爲心是藏神、肺是藏魄、肝是藏魂、脾是藏意、腎是藏志，所以五臟是藏神的五臟廟。除了啜飲吃食來祭我們的五臟廟神外，也要好好照顧過度被七情所影響的「五神廟」，以求身體健康，神寧氣閒，升降出入才會產生變化。整個活絡後就可以讓內臟昂揚，自然能夠調理到我們的五臟六腑，活動身體讓氣場流動，才能遠離疾厄，也不至於動不動就動肝火損脾膽，更不會自打七傷拳傷害身體。

動作分解：

1 兩腳微開，調整呼吸，肩頸放鬆。

2 膝蓋保持彈性，抬頭，手放置後面，臀部尾椎往後延伸，脊椎伸展身體緩緩落下。

3 下來時肩頸放鬆、兩臂下來，頭跟著垂下。

4 稍微調整之後，動作繼續，膝蓋微彎，停留三秒至五秒。

5 調整一下後，身子自然落下捲曲，百會與會陰拉到最近的距離，臀部往前兩胯頂出去，再從腳底借地的力量，沿著兩胯尾椎骨，尾閭前送，丹田有上翻之意，提氣上來。

6 同時吸氣收腹上來，打開胸廓，胸骨往前，背後的琵琶骨夾起來，上盤輕靈地搖曳，兩臂因風(氣)起，如柳絮般飛揚起來，兩手臂放置兩側，如大雁起飛之勢。

7 臀部尾閭再往後延伸，身體緩緩落下，動作完成再從頭開始。

8 下來脊椎延伸拉開，上來脊椎是圓的，延伸曲伸、延伸曲伸反覆練習，讓脊椎骨節整個活絡起來。

小叮嚀：要避免用腰椎去帶動，膝蓋的位置千萬不宜過度彎曲，練習的心態認真但動作可隨意做。

請掃 QRcode，一邊觀看影片，一邊動作。

身體文化 196

武學世家的兒女・漩能量：21+當代太極 潘靖太極螺旋13式

武學世家的兒女 . 漩能量／潘靖著 . -- 初版 . --
臺北市：時報文化出版企業股份有限公司 , 2025.03
248 面；23x17 公分 . --（身體文化；196）
ISBN 978-626-419-291-0（平裝）
1.CST：潘靖　2.CST：太極拳　3.CST：武術　4.CST：自傳
783.3886　114000487

ISBN 978-626-419-291-0
Printed in Taiwan

作者　潘靖
客座總編輯　古碧玲
主編　謝翠鈺
責任編輯　廖宜家
文字協力　王靜如
校對　林秋芬
行銷企劃　鄭家謙

攝影　劉振祥
封面設計&版面設計　王惠瑩
美術編輯　林婉華
設計完稿　陳宸麒
插圖　潘靖

統籌　王美娜
董事長　趙政岷
出版者　時報文化出版企業股份有限公司
108019臺北市和平西路三段二四〇號七樓
發行專線　（〇二）二三〇六六八四二
讀者服務專線　〇八〇〇二三一七〇五
（〇二）二三〇四七一〇三
讀者服務傳真　（〇二）二三〇四六八五八
郵撥　一九三四四七二四　時報文化出版公司
信箱　10899臺北華江橋郵局第九十九號信箱

時報悅讀網　http://www.readingtimes.com.tw
法律顧問　理律法律事務所　陳長文律師、李念祖律師
印刷　華展印刷有限公司
初版一刷　二〇二五年三月十四日
定價　新臺幣四九九元